Triumph der himmelblauen Nacht
Über die Suche nach dem, was uns ausmacht

von

Lisa Brenk

Lisa Brenk

Triumph der himmelblauen Nacht

Über die Suche nach dem,
was uns ausmacht

Mit Illustrationen von Lisa Brenk

DIEDERICHS

Der Verlag behält sich die Verwertung des urheberrechtlich geschützten Inhalts dieses Werkes für Zwecke des Text- und Data-Minings nach § 44 b UrhG ausdrücklich vor.
Jegliche unbefugte Nutzung ist hiermit ausgeschlossen.

Copyright © 2023 Diederichs Verlag, München,
in der Penguin Random House Verlagsgruppe GmbH,
Neumarkter Str. 28, 81673 München
Redaktion: Vera Baschlakow
Umschlag: zero-media.net
Umschlagmotiv: Lisa Brenk
Satz: Greiner & Reichel, Köln
Druck und Bindung: Friedrich Pustet GmbH & Co. KG, Regensburg
Printed in Germany
ISBN 978-3-424-35129-3

www.diederichs-verlag.de

Inhalt

Prolog: Das Flüstern der Sterne	7
Der Geruch des Winters	9
Das Gleißen	19
Die fremde Träumerin	23
Der Tanz der Schneefeen	33
Schlaflos	36
Kreischfrost und Heulwinde	44
Hunger	48
Die Rache der Vielmäuler	54
Das steinerne Labyrinth	62
Das Rätsel der Wisperschlange	78
Der Abendvogel im Rosendickicht	85
Die Spur im Schnee	92
Die Stimme aus den Bäumen	95
Der Grollende Wald	99
Die Geschichten im Wind	112
Eine finstere Nacht	120
Am Saum des Ozeans	125
Jaro Goldrücken	127
Die Sternenlichtschmiede	140
Ein Wiedersehen und ein Geheimnis	147
Das innere Leuchten	157

Die Eisperlenspinne 163
Ohne Flügel schweben 170

Epilog 191

Prolog:
Das Flüstern
der Sterne

Die Sterne haben mir diese Geschichte geflüstert.

Sie erzählten sie mir in einer Nacht, als ich ohne Schuhe auf das Feld gestapft bin, weil ich so zornig auf mich selbst war, dass ich den hoffnungslosen Versuch machte, vor mir davonzulaufen. Das gelingt nur den wenigsten, wie ihr wahrscheinlich wisst.

Unter meinen nackten, kalten Füßen knirschten Sand und Feldsteine, ein leiser Wind fuhr raspelnd durch das fahle Korn.

Meine Gedanken, die eben noch aufgescheucht und hauchzart waren wie ein Schwarm Motten, der um die Lampions auf der Veranda kreist, zerfaserten sich und verschmolzen mit der Düsternis. Das passiert immer, wenn man lange Zeit einfach nur herumstreift. Zuerst wirbelt im Inneren alles durcheinander, ähnlich wie in einem Tümpel, in den man einen Stein geworfen hat. All die schlammigen, trüben, morastigen Gedanken steigen auf. Aber sie verschwinden rasch wieder, und hinter der Stirn wird alles klar und kühl.

Als ich stehen blieb, bemerkte ich, dass die Nacht gar nicht mehr so tintenschwarz war wie in der Nähe meines Zuhauses.

Hier oben auf dem Feld wirkte die wilde Nacht viel heller, beinahe stahlblau.

Von einer merkwürdigen Leere ergriffen, legte ich mich einfach auf den Boden und sah in die Höhe. Das Gras kitzelte mir im Nacken. Ich hatte dabei das seltsame Gefühl, jeden Moment einfach nach oben zu fallen und im endlosen Firmament verloren zu gehen.

Ich krallte meine Finger in die dürren Halme, um mich an der Erde festzuhalten. Beobachtete, wie die Sterne über mir klarer wurden und wie gestickte Perlen auf dem Stoff des Himmelszeltes ein Muster bildeten, das mir vage bekannt vorkam.

Es war ein Sternbild, das man immer im Norden findet (wenn man auf der nördlichen Erdhalbkugel zu Hause ist).

Damals war mein Herz voller Fragen. Ja, ich war von Fragen zum Bersten gefüllt und wusste auf sie keine Antworten.

Mit klopfendem Herzen lauschte ich in die Stille der Nacht hinein. Hörte den sanften Wind, der durch die Krone einer fernen Eiche strich, die einsam im Kornfeld stand. Hörte das Rascheln des Grases unter mir und mit einem Mal auch das Flüstern der Sterne. Es war eine warme, kraftbeseelte Stimme. Die Stimme von Arkas Nachtfell, dem Bären, der mir seine außergewöhnliche Geschichte erzählte und mich mitnahm in das geheimnisvolle Uralte Gehölz in einer längst vergangenen magischen Zeit. Wir begeben uns auf eine sagenhafte Reise, durch verschneite Winterwälder, wo Kreischfrost und Schneewellen lauern. Hin zum eisgrauen, gefrorenen Meer, über dem die Lichter tanzen, und hinein in die mysteriöse Sternenlichtschmiede, wo die himmelblaue Nacht immer über die Finsternis in uns triumphiert.

Der Geruch
des Winters

»Das sind zu wenige!«, knurrte ich und richtete mich zu meiner vollen Größe auf. Mein Schatten verschluckte die junge Bärin, die vor mir stand.

Lika Grauspitz wich einen Schritt zurück und wiegte den zottigen Kopf.

»Aber, Arkas, mehr konnte ich nicht finden!«, brummte sie und deutete mit einer Kralle auf die Tatze voll dunkelblauer Zirbelzapfen, die auf dem schroffen Stein vor mir lagen. Sie waren prall gefüllt mit fetten Samen.

Ich zog einen Zirbelzapfen zu mir und knackte ihn mit meinen scharfen Zähnen.

»Es sind kaum noch welche da. Sieh selber nach, wenn du mir nicht glaubst.« Likas Blick war herausfordernd. Lauernd. Mein Blick huschte zur Wurzelhöhle hinauf. Wollte sie sich hineinschleichen, während ich selbst nachsah, ob die Äste der Zirbelkiefern wirklich leer waren?

Lika schnaufte. Ihre Nase zuckte verräterisch.

»Selbst die Tannenhäher sind schon fortgezogen. Die Feuerschwänze nagen die Reste weg. Die Zapfenernte ist zu Ende.«

»Das ist eine Lüge!« Ich schlug mit meiner gewaltigen Pranke auf einen der Zapfen, der krachend zerplatzte und davonhüpfte. Lika sah ihm erschrocken nach. Grollend senkte ich den Kopf.

Schon seit Tagen lag sie mir in den Ohren. Dass sie es unbedingt sehen wollte, bevor Moduur über das Land zog. Dass sie eine Wächterin werden wollte.

Meine Muskeln zitterten, als ich mich anspannte. Lika wich weiter zurück.

»Ganz ruhig, Arkas! Ich klettere noch einmal in die Wipfel und sehe nach!«, schnaufte sie hastig, drehte sich um und trottete davon.

»Wehe, du kommst ohne Futter zurück!«, brüllte ich ihr hinterher. Da mein Felsen am höchsten lag, konnte ich ihr lange mit den Blicken folgen. Sie kletterte über einen Pfad aus umgestürzten Fichten in Richtung der Zirbelkiefern, die sich weit unten im Tal in den Himmel schraubten.

Grummelnd sammelte ich die Zapfen ein und trug sie in meine Höhle. Ich schnupperte zufrieden, als ich mich hineindrängte. Der Berg an Zirbelzapfen duftete süß und verlockend. Ich legte die heutige Beute dazu. Arrangierte zufrieden meine Sammlung, die fast bis zur Decke reichte.

Ich hockte mich vor meine Vorräte, die ich in meiner Höhle anhäufte. Die anderen Bären spotteten über mich, wenn ich nicht in der Nähe war. Kein Bär legte sich einen Vorrat an wie ein Eichhörnchen oder ein Tannenhäher. Aber auch kein anderer Bär bewachte das Gleißen so gewissenhaft wie ich.

Ich streckte mich. Ein Teppich aus weichem Moos machte meine Winterhöhle behaglich. Das faulige Laub hatte ich schon vor langer Zeit hinausgeschoben. Die Wände waren mit Farnen ausgepolstert. Ein Kissen aus duftenden Flechten lag bereit. Rings um mich herum breiteten sich die Muster aus, die ich mit den Krallen in den Felsen geschabt hatte. Wirbel und Wellen, die ich im weißen Strom gesehen hatte.

Mein Rückenfell streifte die niedrige Decke, als ich mich drehte und den Kopf wieder aus der Felsspalte steckte.

Ich wollte meinen Pelz noch etwas in der goldenen Abendsonne wärmen, die glühend über die Berghänge kroch.

Als ich jedoch vor meine Winterhöhle trat, drehte der Wind. Witternd hob ich die Nase.

Ich schüttelte meinen Pelz und blickte in das Walddunkel unten am Hang. Lauschte dem Krakeelen der Wacholderdrosseln, die sich in Scharen in der nahen Esche niedergelassen hatten und um die roten Beeren zankten.

Ein merkwürdiges Kribbeln lief mir über das Fell.

Ich sollte nachsehen, ob alles in Ordnung war.

Schwerfällig tapste ich den Berghang abwärts, nicht ohne ab und zu einen Blick zurück zur Wurzelhöhle zu werfen, in welcher der größte Schatz der Bären lag.

Rastlos kletterte ich über umgestürzte Baumstämme dem glucksenden weißen Strom entgegen, der wie ein Nebelschleier durch das Tal kroch. Ich fuhr prüfend mit der Nase über den Boden. Die Flechten auf den Felsen hatten in den Farben der untergehenden Sonne gebadet und sie aufgesaugt. Orange und Rot tropfte aus ihren Blättern. Überall sah es aus, als würde der graue Fels in Flammen stehen. *Shitak*, der heiße Tod, wurde das Feuer in der Sprache der Bären genannt. Ich schnaufte unbehaglich und tapste weiter hangabwärts.

Ich entdeckte ein paar Blaubeeren und schnappte sie mir im Vorbeigehen. Sie waren vertrocknet und sauer.

Ich hielt an einer dicken Kiefer, reckte mich in die Höhe und erneuerte meine Reviermarkierungen, indem ich mit meinen Krallen tiefe Furchen ins Holz schlug.

Das Krachen und Splittern hallte weit durch den Wald am Hang. Gut so! Sollten sie alle Reißaus nehmen.

Ich überprüfte andere Baumstämme. Die Zeichen von den übrigen Wächtern, um zu sehen, wer auf Patrouille war. Es schien alles seinen geregelten Gang zu gehen.

Ein Stück noch, dann tobte der weiße Fluss durch die Senke. Das Wasser schäumte um die moosbewachsenen Felsen. Ich trank einen Schluck. Es war kälter geworden.

Lange würde es nicht mehr dauern, bis die ersten Schneefeen tanzten und Moduur über uns hereinbrach.

Ich drehte mich um und spähte durch die Baumstämme hinauf.

Von hier aus konnte ich die Schatzkammer kaum noch sehen, doch ich musste weitergehen. Wenn Moduur schon so bald kam, brauchte ich ein Paar Wurzeln, um in den ersten Frostnächten nicht einzuschlafen. Nachtkralle. Sie würde mich stärken, damit ich der Kälte die Stirn bieten konnte.

Lärmend folgte ich dem Flusslauf ein Stück, bis mir meine Nase verriet, dass in der Nähe ein paar Wurzeln auf mich warteten.

Mit halb geschlossenen Augen und lautstark schnuppernd tappte ich über den laubbedeckten, feuchten Boden. Hier wuchsen Unmengen an Steinpilzen, und ich ließ es mir nicht nehmen, mir ein paar der bauchigen braunen Leckerbissen zu genehmigen. Ich kaute andächtig, als ich plötzlich ein Rascheln hörte.

»Ah, Meister Nachtfell. So weit weg von der geheimnisvollen Schatzkammer?« Eine raue Wolfsstimme riss mich aus dem Tun. Mein Kopf ruckte hoch.

Links von mir war eine große Wölfin aufgetaucht. Es war die mit dem weißen Fleck über dem einen Auge. Sie war die

Anführerin des Rudels, das so oft die Frechheit hatte, mein Tal zu passieren.

Ich ließ den Blick schweifen. Sie war nie alleine unterwegs. Dort zwischen den Dornensträuchern witterte ich die anderen Vielmäuler. Konnte ihren grauen Pelz hinter den Sträuchern sehen. Ihre gierigen gelben Augen leuchteten.

»Geht dich nichts an, was ich tue, Mascha. Verschwinde lieber, bevor ich dich in Stücke reiße!« Ich blieb stehen, beäugte sie misstrauisch.

Mascha schüttelte sich.

»Es ist nicht so leicht, fett zu werden, wenn ständig irgendein *Bär* daherkommt und uns unsere Beute abnimmt! Darum bin ich hier. Wir hatten darüber verhandelt. Mein Rudel bringt euch ab und zu einen Hasen von den Waldhängen, und ihr lasst uns die Honighirsche und Elche, die wir erlegen. Hast du die Bande etwa nicht im Griff, *Wächter* Nachtfell?« Spott tropfte aus ihrer Stimme, als sie Wächter sagte. »Du zumindest scheinst genug Fett für zwei Bären auf den Rippen zu tragen. Würde mich wundern, wenn das nur von Pilzen und Baumrinde kommt.«

Ich bleckte die Zähne. Mascha hatte recht. Ich hatte mein Wintergewicht schon lange erreicht. Möglicherweise weil ich es war, der Ofren und Katjur Silberfell den Befehl gegeben hatte, den Vielmäulern die Beute streitig zu machen, wann immer sie es konnten, und mir einen Anteil zu bringen. Ich schmeckte jetzt noch das saftige Fleisch auf der Zunge, das ich vor ein paar Tagen in meiner Höhle verputzt hatte. Maschas gelbe Wolfsaugen musterten mich scharf. Ihre Nasenflügel zuckten, als würde sie den verräterischen Geruch noch an meiner Schnauze wittern.

Ich blieb stehen und erhob mich auf die Hinterbeine.

»Selbst wenn es so wäre, Vielmaul? Was willst du dagegen tun?«

Ich brüllte herausfordernd. Über uns stoben ein paar Vögel in den Himmel. Sofort kniff sie die Rute ein und leckte sich beschwichtigend die Lefzen. Hasenherziges Pack. Im Sommer, vor der Verhandlung, hatte ich es mit allen zugleich aufgenommen und sie in Windeseile in die Flucht geschlagen!

»Jetzt verzieh dich!«, knurrte ich ungeduldig und versetzte ihr einen Hieb. Mascha sprang zurück, und ich erwischte nur ihr graues Fell. Fiepsend und jaulend machte sie sich davon. Fürs Erste hatte ich sie verjagt. Aber ich musste wachsam bleiben.

Mit scharrenden Tatzen und wiegendem Kopf wartete ich einen Augenblick, bis sich die Waldesstille wieder über mich legte, dann grub ich flink nach der Wurzel. Da war sie. Nachtkralle. Sie war schwarz und bitter und färbte mein Rückenfell dunkel, doch sie machte mich stark. Meine Muskeln brannten tagelang kraftvoll, wenn ich sie zerkaute. Mein Herz pumpte schneller in meiner Brust.

Durch Nachtkralle konnte ich wach bleiben, wenn der Große Traum nach mir rief. Kein anderer Bär im Tal wusste von diesen Wurzeln. Sie waren mein Geheimnis.

Zufrieden kauend stieg ich den Berghang wieder hoch und warf dabei einen Blick nach links und rechts, um zu sehen, was die anderen trieben.

Ofren und Katjur polsterten geschäftig ihre Höhlen mit Moos aus, Trajor, Schinka und Zilbar hockten in der Nähe der Wurzelhöhle und streckten wachsam ihre Nasen in den Wind.

So sah ich das gerne!

Ich stapfte zu ihnen. Loses Geröll polterte hinter mir den Abhang herunter. Ich grollte vor mich hin, weil ich noch immer an die frechen Vielmäuler dachte.

»Wir haben ein paar Murmeltiere und einen Schakal verjagt!«, meldete Schinka eifrig, als ich bei ihnen ankam und auf sie herabblickte.

»Habt ihr es gerochen?«, fragte ich und sah in die Runde.

Trajor nickte schnell.

»Ich hab es gerochen! Gestern schon.«

»Er kommt früh dieses Jahr«, sagte Schinka.

»Bald werden endlich die Schneefeen tanzen!«, seufzte Trajor, und er wirkte dabei sogar glücklich.

Ich schnaufte missbilligend und stieß ihn grob mit dem Kopf. Er rutschte mit den Hinterbeinen vom Felsvorsprung und hatte Mühe, sich festzuhalten.

»Die Schneefeen bringen nur Ärger!«, grollte ich und starrte in den dunkler werdenden Himmel. Die Sonne hatte sich hinter den Bergen verkrochen.

Wie jeder Bär mochte ich zwar den Großen Schlaf. Die Zeit der Träume, wenn der Geist auf Reisen ging und durch die Unendlichkeit schwebte. Doch als Wächter des Schatzes musste ich jederzeit bereit sein, ihn gegen alle Tiere im Wald zu verteidigen, die nicht schliefen. Das feige Wintervolk. Die Wölfe gehörten dazu. Mascha und ihr Rudel. Ich spürte deutlich, dass ich sie im Winter wiedersehen würde. Ich bleckte die Zähne, als ich an vergangene Kämpfe um die Wurzelhöhle dachte, in welcher der Schatz verborgen lag.

»Ich hatte übrigens eine Idee!«, schnaufte Schinka.

»Wie wäre es, wenn wir dieses Jahr einfach das Gleißen bei einem Wächter in der Höhle verbergen? Keiner vom Wintervolk wird versuchen, es einem Bären unter dem Hintern wegzustehlen. Wir stehen alle paar Monde auf und bringen es in eine andere Höhle. Dann weiß kein Dieb, wo es steckt!«

Erwartungsvoll starrte Schinka mich an.

»*Du* willst dir das Gleißen unter den Hintern stecken«, sagte ich trocken und spürte heißen Zorn hinter meiner Stirn pochen.

Schinka machte ein erschrockenes Gesicht.

»Nein. Also ich dachte, es wäre klug, wenn wir …«

»Du sollst nicht denken! Das Gleißen bleibt in der Wurzelhöhle!«, donnerte ich. »Dort ist sein angestammter Platz. So war es schon immer!«

Ohne ein weiteres Wort schob ich mich an den anderen Bären vorbei.

Prüfend hielt ich die Nase auf den Boden gerichtet, als ich mich dem Eingang der Schatzkammer näherte.

Manchmal konnten es die anderen Wächter nicht lassen und warfen einen Blick hinein. Dabei war das allein mir vorbehalten! Die Wurzelhöhle erstreckte sich unter einer mächtigen Esche, die sich seit ewiger Zeit in den Felsen krallte. Gelbe dicke Flechten hingen von den Wurzeln herunter wie ein Vorhang. Darin waren dicke Stränge Johannisbeeren geflochten.

Links davon stand ein Gebilde aus kreideweißem Treibholz, das mit Blüten drapiert war, die langsam verwelkten. Jeder Wächter trug etwas dazu bei, dass die Wurzelhöhle würdevoll aussah. Als ich daran vorbeiging, regneten ein paar gelbe Schotendotterblüten herab.

Ich schob meinen massigen Körper in den engen Spalt. Die Wurzelhöhle war gefüllt mit Heimlichkeiten. An den erdigen Wänden leuchteten Mondflechten in gewundenen Spiralen. Die eigentliche Schatzkammer lag hinter einer weiteren Öffnung und war so hoch, dass ich darin aufrecht stehen konnte. Der ganze Boden der Höhle war mit Fuchsgold bedeckt, einer kupferfarben schimmernden Pflanze, die nur hier wuchs.

Ich strich über die aufgeschichteten bunten Steine zwischen den Pflanzen. Jeder Wächter, der sich das Recht verdient hatte, den Schatz zu betrachten, legte hier einen Stein ab. Ich tippte gegen meinen. Ein großer glänzender Flussstein. Der größte Stein von allen. Ich hatte einen ganzen Tag gebraucht, um ihn hierher zu rollen. Dann hatte ich mit meinen Krallen Muster hineingeritzt. Er war nicht nur der größte, sondern auch der prächtigste Stein. Ich schnaufte zufrieden und richtete mich zu meiner vollen Größe auf.

Es wurde Zeit, einen Blick auf den Schatz zu werfen. Zu überprüfen, ob alles in Ordnung war, ob ich beruhigt die Winterhöhle vorbereiten konnte.

Ich tastete mit der Tatze weit über mich in dem Wurzelgeflecht. Nur ich wusste, wo der Beutel genau hing.

An den anderen Wurzelsträngen wuchsen Brüllpilze, die schrille Geräusche machten, wenn man sie berührte. So wie die Pfeifhasen die sich gegenseitig warnten.

Da war er!

Ich löste mit der Kralle behutsam die Schlaufe und zog den großen Beutel zu mir herunter.

Ein Kribbeln lief mir durch den Pelz. Mein Herz schlug schneller. Ganz sachte legte ich den Schatz vor mich auf den Boden.

Ich warf einen Blick zum Eingang zurück. Niemand war mir gefolgt.

Mit den Tatzen zog ich das Band auf, und Wärme durchströmte meinen ganzen Körper, als in einer goldenen Welle von Licht das Gleißen sichtbar wurde.

Das Gleißen

Es musste genauso alt sein wie die Bären, denn soweit ich mich erinnern konnte, lag es schon immer dort in der Wurzelhöhle. Meine Mutter erzählte mir davon, als ich ein vertrauensseliges Jungtier war und mit ihr durch die Gefilde zog.

»Das Gleißen ist eine Gabe. Es sorgt dafür, dass wir kraftstrotzend und scharfsinnig sind. Dass wir uns zurechtfinden in der Waldfinsternis. Aber auch dass im Uralten Gehölz im Bärental die stärksten Zirbelkiefern wachsen. Dass wir immer genug Blaubeerfelder haben. Es macht das Mondmoos so saftig und bewirkt, dass es immer genug Pilze im Schatten der Tannen gibt. Wir sollten dankbar sein, dass der Geist im Wind es uns schenkte.«

Was der Wind damit zu tun hatte, mochte sich mir nie erschließen. Meine Mutter hatte oft von dem Geist im Wind gesprochen. Doch der Wind war es, der meine Mutter das Leben kostete.

Ein Baum, der vom Sturmgeheul gepackt wurde, stürzte auf sie und zerschmetterte ihre Knochen, da war ich kaum groß genug, um mich selbst zu versorgen.

Wie sollte der Wind also das Gleißen in die Höhle gelegt haben?

Ich glaubte daran, dass das Gleißen von der *Bhas* ausgegraben wurde. Sie war die erste Bärenmutter, die sich mit ihren

Jungen aus ihrer Höhle im Eis grub und den Moduur mit ihrem Brüllen vertrieb.

Vorher bedeckte Moduur die ganze Welt. Er biss mit seinen unsichtbaren Frostzähnen. Zerteilte mit seinen Windschwingen Gebirge und Wälder. Ließ Flüsse und Seen erstarren. Doch die Bhas, die einen sicheren Ort für ihre Jungen brauchte, schlug ihn mit ihrem Brüllen in die Flucht.

Moduur schreckte zurück und gab die Erde preis, auf der bald genug Essbares zu finden war.

Die Bhas führte ihre Jungen in das Tal, und ihre Kinder wuchsen bald zu stattlichen Bären heran.

Doch der Moduur war nie vollständig vertrieben.

Immer zu der Zeit, wenn die Schneefeen ihn rufen, kommt er zurück, um die Welt zu packen und durchzuschütteln. Nur den Bärenmüttern, die im Frühling mit Brüllen aus den Höhlen kommen, ist es zu verdanken, dass der Moduur sich wieder verzieht. Den Bärenmüttern und natürlich dem Gleißen. Nur ich wusste, wie viel Wärme in dem Schatz steckte.

Es musste ebenso für die Vertreibung des Moduur da sein. Vielleicht war es die Träne der Urmutter. Eine Träne der Bhas, vielleicht ihr Herz.

Ich berührte das Gleißen ehrfürchtig mit den Krallen.

Seine Strahlen waren heller als die der Sonne, doch brannte mir das Licht nicht in den Augen. Ich konnte es immerzu anschauen. Die Wärme des Sommers breitete sich in mir aus. In meinem Kopf flüsterte es leise. Das Gleißen erzählte mir Geschichten voller Licht.

Von der Mondlichtstraße, dem glänzenden Lichtpfad, den man in tiefblauen Nächten auf dem See sehen konnte. Es erzählte von tanzenden Funken und Silberbeeren. Vom Himmelsschimmer, der im Morgen über die Welt zieht. Von wunderbunten Wäldern, von flatterschönen Wiesen, vom goldenen Herbstnachtsturm, von Bäumen, die ihren Frühlingsschmuck auftrugen, und von sonnenübersponnenen Berggipfeln. Mein ganzer Kopf füllte sich mit Lichtworten. Draußen zog der Mond auf.

Im Gleißen konnte ich mich verlieren. Erst die Kälte der Nacht brachte mich schließlich zurück. Meine Glieder schmerzten, weil ich in einer kauernden Position ausgeharrt hatte, um ja kein Wort zu verpassen. Ich streckte mich in alle Richtungen, bevor ich das Gleißen wieder in den Beutel steckte und an seinem geheimen Platz verbarg. Niemals würde das Brüllen der Bärenmütter alleine ausreichen, um Moduur zu vertreiben. Ich in dieser Höhle sorgte auch dafür, dass er sich verzog.

Stolz reckte ich die Brust.

Den Kopf voller Lichtworte schob ich mich aus der Höhle hinaus. Die anderen Bären hatten sich in ihre Behausungen zurückgezogen. Nur zwei hielten Wache unten im Wald, verborgen bei den großen Geröllblöcken.

Einen Augenblick blieb ich im Eingang stehen und lauschte.

Der dunkle Nachtgesang des Waldes schmeichelte meinen Ohren. Ich hatte keine Lust, in meine Höhle zurückzukehren. Langsam kletterte ich den grauen Abhang hinunter.

Die Nacht war die Zeit der Dachse, Füchse und des Luchses. Der Raubzähne und Klauen. Der hinterhältigen Beuteschläger.

Mir wird heute niemand in die Quere kommen. Meine Augen glühten vom Gleißen. Die anderen Tiere zitterten, wenn sie mich sahen. Jeder würde sich bei meinem Anblick fürchten! Zufrieden brüllte ich in den Wald hinein, um mich anzukündigen.

Der Geruch nach Silberdistel stach mir in die Nase, irgendwo roch ich noch etwas Nachtkralle.

Ich würde meinen Vorrat vergrößern müssen, damit ich alle paar Nächte nach dem Gleißen schauen konnte.

Wach sein bedeutet, Fett zu verlieren. Ich brauchte genug zum Fressen. Vor meinen Tatzen schimmerten die fast kahlen Blaubeersträucher. Dicker Nebel hing im Tal. Feine Tropfen bildeten sich in meinem Fell und auf den Pflanzen.

Ich fand ein paar letzte Beeren und kaute sie genüsslich. Der Tau auf den Blättern, die ich mit abriss, war herrlich kühl. Ich sah hoch. Hinter den wabernden Nebelschwaden leuchteten die Sterne.

Das Gleißen.

Gleich im ersten Morgenlicht würde ich es noch einmal betrachten.

Wenn die Schneefeen kamen, halfen die Lichtworte, um den bissigen Frost abzuschütteln. Sie vertrieben die Trägheit aus den Gliedern.

Bestimmt würde morgen Lika wieder vor meiner Höhle warten. Sie war klein und schmächtig und gerade gut genug, um in die dünnsten Zirbelkiefern zu klettern. Aber eine Wächterin würde aus ihr nicht werden. Hungrig knurrte mein Magen, als ich an die Zirbelzapfen dachte.

Vielleicht sollte ich noch ein oder zwei von ihnen kosten.

Guter Dinge drehte ich mich um und trottete in Richtung meiner Höhle.

Hätte ich ein paar Herzschläge länger dort gestanden, wäre mir aufgefallen, dass eine fremde Witterung in der Luft lag. Doch so verschwand ich ahnungslos in meiner Schlafhöhle.

Die fremde Träumerin

Am Morgen hatte sich der Nebel nicht verzogen.

In dicken herbstverhangenen Schleiern zog er sich durch das ganze Bärental und ließ keinen Sonnenstrahl hindurch.

Auf der Erde hatte sich eine harte glitzernde Kruste gebildet. Der Frost war in der Nacht heraufgezogen. Die Flechten und letzten Gräser waren von einer eisfunkelnden Schicht bedeckt. Eine vereinzelte Schneefee wirbelte durch den Nebel. Ihr fast durchsichtiger Körper trudelte auf und ab und hinterließ eine hauchfeine Schicht puderfeinen Schnees auf den Felsen. Ich lugte träge aus meiner Höhle. Die Lichtworte von gestern Abend waren vergessen. Feuchtklumpige Gedanken hingen hinter meiner Stirn. Der Nebel durchnässte mein Fell und machte mich schwer.

»He, Arkas Nachtfell! Ich hab dir etwas mitgebracht!« Lika kam zu meiner Höhle hochgekraxelt und trug in ihrem Maul einen dicken Zweig, an dem noch ein paar letzte Zirbelnüsse hingen.

Keuchend blieb sie vor mir stehen.

»Ich bin nur für dich bis hinter den weißen Strom zum Birkenhang gelaufen. Ich war den ganzen Morgen unterwegs. Darf ich jetzt einen Blick darauf werfen?«

Sie sah mir flehend in die Augen. Ich blinzelte verärgert. Hatte das Gefühl, dass sie mir das Gleißen, das in meine Augen geflossen war, stehlen wollte.

»Ich habe etwas Wichtiges zu tun, Lika. Die erste Schneefee ist heute Morgen unterwegs gewesen. Der Große Traum steht kurz bevor. Du solltest dich in deine Höhle zurückziehen.«

»Ich erwarte keinen Wurf, Arkas. Ich bin bereit, auch während des Moduur aufzustehen und den Schatz zu verteidigen.«

»Ach ja?« Ich baute mich vor ihr auf. »Dann wollen wir dich mal testen! Begib dich sofort in deine Höhle und tauche nur auf, wenn ich dich rufe. Wenn Moduur gekommen ist und du es schaffst, wach zu werden, bist du bei den Wächtern dabei. Dann zeige ich dir das Gleißen! Verschläfst du deine Chance, wirst du mich deswegen nicht mehr belästigen.«

Likas Augen begannen zu leuchten.

»Ich werde wach sein, Arkas Nachtfell! Ich werde es schaffen!«

»Dann verzieh dich in deine Schlafhöhle«, grollte ich.

Lika nickte und machte sich augenblicklich davon.

Ich sah ihr schnaufend nach, wie sie zwischen den Ebereschen verschwand. Das war natürlich kein Test.

Ich würde sie bestimmt nicht rufen, und nächsten Frühling würde ich dann meine Ruhe haben. Zufrieden über diesen Plan richtete ich mich auf. Es wurde Zeit, noch einmal von der Nachtkralle zu kosten.

Träge machte ich mich auf den Weg hinunter zum Fluss, um ein paar Schlucke zu trinken. Das Wasser des Flusses dampfte und verband sich mit den Nebelschleiern zu einem milchigen Band. Ich senkte den Kopf und nahm ein paar Schlucke. Meine Augen glühten noch. Ich sah sie auf der Wasseroberfläche blitzen.

Prüfend streckte ich die Nase in die Höhe, witterte nach ein paar Wurzeln. Es lag allerhand in der Luft.

Ich roch die Igel, die sich dort vorne unter einem Laubhaufen einrichteten. Oben an den Felsen rannten ein paar Schneemäuse entlang und balgten um Haselnüsse. Einige Rehe waren in der Nacht an den Fluss gekommen. Sie waren auf dem Weg tiefer in das Tal, wo der Schnee erst später kam.

Ich lief am Flussufer entlang.

Vor mir ragte ein Felsen in die Höhe, den wir Bären aus dem Tal die Alte Bhas nannten. Da der Felsen von Flechten und Moosen überwuchert war und wie eine zottige steinerne Bärin aussah, die sich um ihre drei Welpen kümmerte.

Im Vorbeigehen riss ich ein paar Silberbeeren ab und hätte mich im nächsten Moment beinahe an ihnen verschluckt. Prustend starrte ich auf das, was da schnurstracks den Berg hochgeklettert kam.

Was war das?

Eine Bärin? Aber was war mit ihrem Fell?

Es war schwärzer als das auf meinem Rücken. Tiefschwarz und zottelig. Als hätte sie sich in Asche gewälzt. Ihre Schnauze war extrem lang, die Ohren standen ab, und die Krallen waren lächerlich in die Länge gezogen.

Aber das Auffälligste war eine goldene Zeichnung auf ihrem Fell, die wie ein halber Mond aussah.

»Hallo«, grüßte sie, als sie auf gleicher Höhe war, dann war sie auch schon an mir vorbeigerannt. Ich war noch damit beschäftigt, die letzte Silberbeere aus meinem Rachen zu bekommen.

»He!«, brüllte ich und wirbelte herum, spuckte die Überreste aus und trabte ihr nach. Ich überholte sie, schnitt ihr den Weg ab und baute mich vor ihr auf.

»Wer bist du? Was machst du hier, Fremde?« Ich bleckte meine Zähne.

Obwohl die Bärin sehr klein war, schien sie keine Furcht vor mir zu haben. Sie setzte sich nur keck auf den Hintern und sah mich freundlich an.

»Ich heiße Mika Mondbärin. Und wer bist du?«

Ich schwieg und sah mit gekräuselter Stirn auf ihre Nase. Sie war hellbraun und fast vollkommen haarlos. Sie zuckte auf und ab, während die Bärin atmete.

»Bist du in einen Sturm geraten?«, knurrte ich und schnupperte vorsichtig. Ihr Fell roch nach fremden Dingen. Süßlich, nach sonderbaren Pflanzen und Honigtau.

»Heute noch nicht«, brummte Mika gut gelaunt.

»Soll ich deinen Namen raten? Heißt du Sunil? Rajesh? Balu oder Pravin? Oder ich komme auf deinen zweiten Namen. Braunfell, Goldauge? Vierkralle? Finsterblick?« Sie musterte mich eindringlich.

»Arkas Nachtfell«, knurrte ich und richtete mich zu meiner vollen Größe auf. Mein Schatten verdeckte sie dabei.

»Freut mich, dich kennenzulernen. Ich muss dann mal weiter.« Sie begab sich wieder auf alle viere und wollte an mir vorbei, doch ich setzte einen warnenden Prankenhieb in ihre Richtung.

»Nichts da! Hier im Tal hast du nichts verloren!«

»Na eben doch! Genau hier ist etwas Verlorenes, das ich finden muss!«, widersprach Mika, die sich geschickt unter meinem Hieb hinweggeduckt hatte. Bevor ich nachsetzen konnte, hatte sie sich dem Bhas-Felsen zugewandt und war so rasch an den zotteligen Flechten hinaufgeklettert, dass ich nur verdattert ins Leere schlug.

»Ich habe einen Auftrag«, begann sie und legte sich gemütlich auf den Bauch, bevor sie ein paar Beeren oben vom Felsen klaubte, an die kein anderer Bär herankam.

»Ach? Ich habe auch einen Auftrag«, knurrte ich finster und lief um den Felsen herum. Was fiel dieser Fremden ein? Kam in unser Tal, ohne um Erlaubnis zu fragen, und fraß die letzten Silberbeeren.

Ich sah mich um, ob uns einer der anderen Bären beobachtete, doch alle schienen sich nur um ihre Winterhöhlen zu kümmern. »Meine Aufgabe ist es, Fremde wie dich aus unserem Tal fernzuhalten.«

»Ach, das ist euer Tal? Das wusste ich nicht. Ich dachte, die Erde und die Berge gehören nur sich selbst.« Mika leckte sich mit einer enorm langen grauen Zunge über die Bärennase.

»Werd jetzt nicht frech. Ich zieh dich dort runter und werde dir das Fell aufreißen!«, drohte ich und schlug meine Krallen gegen den Felsen.

Mika blieb unbeeindruckt. Sie kratzte sich den Bauch und zupfte sich Käfer aus dem Fell. »Ich hatte einen Traum, Arkas Nachtfell. Als ich ganz tief schlief, flüsterte der Wind zu mir und erzählte mir eine Geschichte. Sie handelte vom Nachthimmel. Wie du weißt, strahlen in mondlosen Nächten die Sterne am hellsten. Es war eine ebenjener mondlosen Nacht. Ich saß auf der Spitze eines Berges, und der Himmel war so nah, dass ich ihn mit den Tatzen berühren konnte. Ich streckte mich aus, um die Nachtjuwelen besser zu sehen. Ich überlegte, ob ich sie pflücken könnte wie eine Jackfrucht. Während ich dort auf dem Berg stand, umwebt von einem Band aus Licht, löste sich plötzlich einer von ihnen und stürzte herunter. Mit einem brennenden Schweif rauschte er vom Himmel herab und landete in einem Tal voller brauner Bären. Sie sammelten den Stern auf und trugen ihn in eine Höhle, weil sie nicht wussten, was sie gefunden hatten. Aber ich wusste, dass es ein Stern war, der zurück an den Nachthimmel gehörte. Vielleicht war es meine Schuld, dass er überhaupt abgestürzt war, weil ich mit meinen Krallen am Himmelszelt gekratzt hatte. Jedenfalls muss er zurückgebracht werden. Seitdem das Nachtjuwel vom Himmel stürzte, fehlt etwas. Es fehlt eine Geschichte. Eine, die der Geist im Winde sonst jedem Tier zuflüstert.«

Mika Mondbärin drehte sich auf den Rücken und fischte mit ihren Krallen nach dem Nebelschleier, der sich gerade löste, weil die Sonne ihn vertrieb. Die goldenen Strahlen färbten ihre Tatzen ein, und sie spielte verzückt mit dem Licht.

»Was für ein Unfug!«, knurrte ich und machte mich noch größer. Wenn ich mich streckte, würde ich sie vielleicht erwischen und herunterziehen können. Ich wetzte meine Krallen an dem Felsen. Mein Herz pochte wild in meiner Brust. Glühender Zorn breitete sich in mir aus.

Woher wusste diese Fremde von dem Gleißen?

Wer hatte es ihr verraten? Das mit dem Traum hatte sie sich doch bloß ausgedacht!

»Ich schlage vor, dass du dieses Tal verlässt und dich hier nie wieder blicken lässt!« Ich streckte mich noch weiter, sodass ich nun beinahe auf Zehenspitzen stand, versuchte nach der Träumerin zu greifen, aber bekam sie nicht zu fassen.

Ich brüllte mit aller Kraft. Mucksmäuschenstill war es danach im Wald. Die Vögel in den Bäumen hatten aufgehört zu zanken, doch die schwatzsüchtige Bärin aus der Fremde gähnte nur.

»Bevor ich gehe, hole ich mir den Stern«, sagte Mika bestimmt und rutschte auf der anderen Seite des Felsens herunter.

Ich brüllte erneut und musste um den großen Felsbrocken laufen. Als ich den Bhas-Felsen umrundet hatte, war die Träumerin schon ein ganzes Stück den Hang hinaufgeklettert. Sie war flink! Aber ich war der stärkste Bär weit und breit.

»He!«, donnerte ich und preschte ihr nach.

Oben an den Höhlen der Wächter steckten Katjur und Schinka die Köpfe aus ihren Behausungen. Mika blieb stehen, um ihnen zuzuwinken, und ich holte sie ein.

»Verschwinde, Fremde!«, grölte ich und schlug mit der Tatze nach ihr. Ich erwischte sie am Rücken, und die kleine Bärin wurde herumgewirbelt. Jaulend prallte sie gegen eine Fichte, und ein paar angenagte Zapfen prasselten auf uns nieder.

»Das hat wehgetan!«, stöhnte Mika. Mit gebleckten Zähnen setzte ich ihr nach. Sie rollte sich unter meinem zweiten Hieb zur Seite und sprang mit erstaunlicher Kraft auf den nächsten Baumstamm. Geschwind wie ein Feuerschweif flog sie in die Krone des Baumes. Verärgert wetzte ich meine Krallen über den Stamm. Der Baum wackelte, und harzige Späne flogen um mich herum. Der Stamm war zu dünn. Er würde mein enormes Wintergewicht nicht aushalten. Ich war schon lange nicht mehr auf einen Baum geklettert.

»Ich blute«, jammerte sie von oben. Ein Blutstropfen fiel von oben vor meine Tatze.

»Komm da runter, damit ich dich verdreschen kann!«, rief ich.

»Nein, danke. Ich bleibe lieber hier. Die Aussicht gefällt mir. Ist das dort oben an der Esche die Schatzhöhle?«

Ich sah die Äste im Baum wackeln, als sie sich bewegte.

Schnaufend richtete ich mich zur vollen Größe auf.

»Katjur, komm her und vertreib die Verrückte aus der Baumkrone!«, brüllte ich, doch Katjur oben am Hang schien mich nicht verstanden zu haben.

Unschlüssig stand er herum und starrte herunter. Und jemand wie er wollte ein Wächter sein! Wenn ich hier fertig war, würde ich ihm das Fell über die Ohren ziehen! Hier trieb sich jemand herum, der das Gleißen stehlen wollte, und er glotzte nur blöde.

Ich warf mich mit meiner ganzen Kraft gegen den Baumstamm, der erzitterte.

»He!«, rief die Bärin im Baum. Ich zerfetzte unten weiter den Stamm und begann, ihn zu rütteln und zu schütteln.

Ich hörte es in den Ästen krachen, als sie abrutschte.

»In Ordnung, ich komme runter, wenn du ein paar Schritte vom Baum weggehst«, rief Mika kleinlaut.

Ich lachte zufrieden und wich ein paar Schritte zurück, spannte aber die Muskeln an. Sobald sie unten war, würde ich ihr nachspringen und sie ordentlich in die Zange nehmen, damit sie verstand, dass sie und ihre Träume hier im Tal keinen Platz hatten!

Ich stierte den Baumstamm an, meine Muskeln zitterten vor Anspannung.

Da war sie! Wie ein Schatten huschte sie herunter und rannte gleich los in Richtung Tal.

Ich sprang, lief am Baumstamm vorbei und hetzte ihr nach.

»Warte, bis ich dich kriege!«, donnerte ich und überschlug mich fast, so eilig versuchte ich, den Abhang herunterzukommen. Die Fremde war schneller. Sie war leicht wie ein Jungtier und hatte unvernünftigerweise kein Gramm Fett angelegt. Mein massiges Wintergewicht machte mich langsamer und brachte die losen Steine unter meinen Tatzen zum Rutschen. Die Mondbärin warf immer wieder einen Blick zurück, als sie den Abstand vergrößerte und vor mir den weißen Strom erreichte. Sie rannte an ihm entlang und folgte ihm ins Tal.

Ich blieb am Wasser stehen und schickte ihr mein furchtbarstes Brüllen hinterher.

Die Fremde drehte sich nicht mehr um.

Ich glaubte nicht, dass sie erneut auf die dumme Idee kommen würde, sich der Wurzelhöhle zu nähern. Ich nahm einen großen Schluck Wasser und stierte ihr nach.

Zur Sicherheit würde ich die anderen Wächter anweisen, in den letzten Wachrunden besonders aufzupassen. Ich rieb mir über den Bauch.

Jetzt würde ich noch einen Happen fressen und das Gleißen ein weiteres Mal betrachten.

Der Tanz
der Schneefeen

Die Schneefeen ließen nicht mehr lange auf sich warten. Schon am nächsten Morgen, als ich die Schnauze aus meiner Höhle steckte, überzog ein feiner Puderschnee das Tal.

Die meisten Bären hatten sich zurückgezogen. Ich überprüfte die Spuren rund um die Höhlen, begutachtete erneut meinen Vorrat und trabte eine Runde durch das Tal am Strom entlang.

Nichts Auffälliges war zu sehen. Keine fremden Bärenspuren.

Grunzend zog ich mich in den Eingang meiner Höhle zurück und beobachtete die verdammten Schneefeen, die über den Baumwipfeln ihre Kreise drehten.

Die Schneefeen sind merkwürdige Geschöpfe. Magische Wesen aus uralter Zeit wie Eulen, Borstlinge und Grastrolle. Es gab nur wenige von ihnen, doch hier im Tal der Bären schienen sie besonders gerne zu tanzen. Sie standen mit Moduur im Bunde. Immer wenn sie aus ihren Felsspalten krochen und ihre Tänze aufführten, begannen die Schneefälle.

Ich blieb im Eingang meiner Höhle liegen und folgte ihren Bewegungen mit Blicken.

Die Schneefeen erschufen Gedichte über den großen Sturm.

Sie sangen ihre Lieder vom Schnee. Füllten die Köpfe mit Frostwörtern und klirrendem Eis.

Ich bemühte mich, nicht hinzuhören. Ihre Lieder machten die Welt schläfrig.

Ich brummte leise vor mich hin.

Als Kind habe ich ihnen gerne gelauscht.

Sie waren Geschichtenerzählerinnen, die von Moduur sprachen, als wäre der große weiße Sturm ein Freund, obwohl ich es besser wusste.

Zu Moduurs Herrscherzeit aus dem Traum zu schrecken, um nach dem Gleißen zu sehen, war gefährlich und lästig. Die Steine waren rutschig, an manchen Stellen war der weiße Strom mit Eis bedeckt. Der Schnee lag oft so hoch, dass er mir bis an die Brust reichte und man sich hindurchkämpfen musste. Der Schnee, der einem im Fell in schweren Klumpen kleben blieb, besaß keine Schönheit.

Eine Schneefee kam immer dichter.

Hört mein Lied vom ewigen Sturm,
Lauscht den Worten des Schnees.
In sanfte Stille gehüllt,
Frieden bringt Moduur.
Hört den Zuckerschnee fallen,
Lauscht den Worten des Eises,
In sanfter Ruhe warten sie.
Frieden bringt Moduur.
Hört mein Lied vom ewigen Sturm.
Lauscht dem Brausen,
Dem Atem der Welt,
Frieden bringt Moduur.

Die fette Schneefee, die den Körper eines Vogels besaß mit schlohweißen Flechten auf dem Kopf und goldenen Flügeln, war jetzt ganz nah. Ich rührte mich nicht.

Der Schnee vor meiner Nase wurde leicht aufgeweht durch meinen Atem.

Frieden bringt Moduur ... irgs!

Ich hatte sie geschnappt und zugebissen.

Schneefeen schmeckten wild. Fast wie Honig im Herbst.

Ich kaute schmatzend, und eine Zeit lang kitzelten mir ihre letzten Eis- und Schneewörter in den Ohren.

Über mir seilte sich eine Eisperlenspinne ab. Es spannten sich schon zwei weitere Fäden im Eingang meiner Höhle wie eine Girlande. Die Spinne wollte den Winter offensichtlich willkommen heißen wie diese lästigen Feen. Ich schlug mit der Tatze nach oben und zerriss ihren Faden. Die eisblaue Spinne pendelte ins Dunkle meiner Höhle.

Ich sah ihr grimmschnaubend nach.

Meine Beine zuckten nervös. Ich sollte noch einen Rundgang machen, doch ich hatte keine Lust aufzustehen. Die Trägheit saß mir in den Gliedern, trotz der Nachtkralle, die ich gestern noch gekaut hatte.

Ich ließ den Blick schweifen. Der Wald lag schon jetzt still und schwermütig da. Die Zweige der Fichten hingen schlapp herab. Mir lief ein kalter Hauch durch das Fell. Ich fühlte mich schwindelig und rollte mich eng zusammen.

Noch ein paar Tage und alles würde im unerträglichen Weiß versinken. Ich würde noch etwas länger aushalten und dann, wenn wirklich alle andern Bären schliefen, konnte auch ich vom Großen Traum kosten.

Schlaflos

Ein ungutes Gefühl wanderte durch meinen Bauch.

Seit vier Tagen rauschte draußen der Wintersturm. Die Flocken fielen so dicht, dass ich nichts anderes als eine weiße Wand vor meiner Höhle sehen konnte.

Gestern hatte ich mich in mein Traumnest gerollt, aber meine Glieder waren rastlos. Ich wälzte mich hin und her. Streckte immer wieder die Nase in den Wind. Doch keine Witterung war im Wirbeln wahrzunehmen.

Ich wusste nicht, ob der Mond oder die Sonne hinter den Wolken stand. Es war mir egal. Der Große Traum wartete, wenn Moduur wütete, und ich musste nur die Augen schließen und zulassen, dass sich das Universum für mich öffnete. Doch noch konnte ich mich nicht darauf einlassen. Die Ungewissheit tobte in mir, und ich versuchte nur halbherzig, der Straße der Träume zu folgen.

Jedes Tier, das in Winterruhe sinkt, kennt den Weg dorthin, wo sich alle Geschichten vereinen. Wo die Bahnen alter Magie verlaufen und Träume wachsen wie Blumen am Wegesrand. Man musste sie nur pflücken und trieb davon.

Ich schloss die Augen. Zwang mich zur Ruhe. Folgte einem goldenen Band aus Licht. Es war das Licht des Gleißens, da war ich mir sicher. Ich schwamm ihm hinterher. Schwimmen liebte ich wie jeder Bär. Fische aus Kristallen begleiteten mich.

Ich streckte die Tatzen aus, um das Gleißen zu fangen, doch es wirbelte so schnell voran, dass ich es nicht erreichen konnte!

Andere Tiere tauchten aus der Dunkelheit auf. Mascha, die graue Wölfin. Sie rannte schneller, als ich schwamm. Sie hetzte vor mir her über das Wasser, sodass ich nur die graue Rute vor mir sah. Ich keuchte angestrengt. Versuchte, schneller zu werden, doch je mehr ich mich anstrengte, desto langsamer wurde ich. Das Wasser, in dem ich schwamm, gefror. Ich kämpfte.

Doch lange hielt ich es nicht aus.

Erschöpft stoppte ich, nur um im nächsten Moment vorwärtsgeschoben zu werden wie von einer kräftigen Windböe. Plötzlich war ich mit der Wölfin gleichauf, obwohl ich keinen Muskel rührte.

»Wir sehen uns bald wieder!«, bellte Mascha, dann biss sie mich in die Nase.

Ich schreckte hoch.

Meine Nase tat wirklich weh. Irgendwie hatte ich es geschafft, mich im Dösen so herumzuwälzen, dass meine Schnauze ins Freie ragte. Sie war eiskalt. Ich drehte mich herum und rieb sie mit der Tatze.

Es war mitten in der Nacht. Ich blinzelte träge hinaus.

Was für ein seltsamer Traum. Ich schüttelte mich.

Die merkwürdige Unruhe fuhr mir sogleich wieder in den Magen, und zur Beruhigung angelte ich nach einem Zirbelzapfen und schob ihn mir zwischen die Zähne.

Der Zapfen knirschte. Der Wind heulte. Die Trägheit der Großen Ruhe verschwand aus meinen Gliedern.

Ich erhob mich und streckte den Kopf heraus. Draußen wirbelte alles durcheinander. Sturmzerfetzte Wolken trieben über den Himmel, an dem der volle Mond hing. Schauer an weißen Flocken tanzten in Schleiern über den Berg, der sein Angesicht verändert hatte. Ich stapfte hinaus, um die Umgebung auf Spuren zu untersuchen.

Wir sehen uns bald wieder, hatte die Wölfin im Traum gesagt. Pah! Als ob sie sich hierher wagen würde.

Ich lief auf ein kleines Tannenwäldchen zu.

Brummend brach ich durch das Dickicht, um die Markierungen an den Stämmen zu prüfen.

Von den anderen war keiner mehr seit dem ersten Schnee hier unten gewesen. Ich schlug meine Krallen in den Stamm und ritzte mit routinierten Schlägen meine Markierungen in das Holz. Über mir raschelte es. Eine große Kupfereule stob auf.

»He, mach mal nicht so einen Radau!«, fauchte sie und drehte ein paar Kreise um meinen Kopf.

»Kenn ich dich nicht?«, fragte ich knurrend und kniff die Augen zusammen. Ich erinnerte mich vage, ihr einmal ein erlegtes Kaninchen gestohlen zu haben.

»Was machst du überhaupt noch hier, Arkas Nachtfell? Der Wald gehört jetzt dem Wintervolk, verkriech dich nur wieder in deiner Höhle. Lange wirst du es eh nicht mehr aushalten!«

Missmutig richtete ich mich auf die Hinterbeine und schlug nach ihr. Eine kupferfarbene Feder wurde ihr aus dem Gefieder gerissen und tanzte einen Augenblick um meinen Kopf, bevor sie davonwehte.

Die Kupfereule kreischte und drehte ebenfalls ab. Ich sah ihr nach und machte einen Bogen um die Bäume, um wieder den Hang hinaufzustapfen. Mein Blick war auf die große Wurzelhöhle gerichtet. Es war klirrend kalt, und es konnte nicht schaden, einen Blick auf das Gleißen zu werfen und mit warmen Lichtworten in den Schlaf geflüstert zu werden. Der Aufstieg war anstrengend.

Der Schnee rutschte unter meinem Gewicht weg. Die Schneeflocken brannten mir in den Augen. Weiter! Schnaufend schob ich mich hinauf.

Die Höhlen der anderen Wächter lagen friedvoll da. Keiner von ihnen streckte auch nur den Kopf heraus, obwohl ich Lärm machte, als ein dicker Ast unter mir ins Rutschen geriet und den Hang hinunterrollte.

Unzuverlässiges Pack! Morgen würde ich herumgehen und sie aus ihren Höhlen scheuchen. Sie sollten zur Strafe ein paar Rundgänge machen.

Ich erreichte die Wurzelhöhle und schob mich hinein.

Die Mondflechten schimmerten vom Licht getränkt, das in einem fahlen Streifen hineinschien. Glimmerstaub wirbelte auf, als ich darüber trampelte. Er blieb in meinem schneefeuchten Fell kleben. In der Schatzkammer richtete ich mich auf und streckte die Tatze in die Wurzeldecke, tastete mich durch das Flechtwerk an Brüllpilzen vorbei und … griff ins Leere. Was? Ich streckte mich noch etwas höher, tastete den Wurzelstrang entlang.

Wo war es?

Hier müsste es hängen!

Ich sank wieder auf alle viere, griff mir ein Büschel Mondflechten vom Eingang und schob es hinauf, um die Wurzeln zu beleuchten. War es abgerutscht und tiefer in das Geflecht gefallen? Das war schon einmal passiert, als ein großer Sommersturm die Esche draußen zum Erzittern brachte. Jeden Brüllpilz, der mir im Weg war, riss ich heraus, bevor er anfangen konnte zu plärren, und zerkaute ihn hastig.

Der bittere Geschmack zog mir das Wasser in der Schnauze zusammen, und es tropfte in dicken weißen Fäden aus meinem Maul.

Das war mir gleich.

Wo war das Gleißen?

Zwischen den Wurzeln konnte ich es nicht entdecken. Ich ließ mich sinken. War es auf den Boden gefallen?

Ich drehte mich einmal um mich selbst. Wischte grob das Fuchsgold beiseite. Riss Mondmoos von den Wänden. Schichtete die Wächtersteine um.

Mein Herz schlug kraftvoll in meiner Brust. Meine Rippen fühlten sich an, als würden sie gleich zerspringen.

Hatte ich es traumtrunken abgenommen und an einem anderen Ort platziert? Ein Pilz begann seinen widerlichen Laut auszustoßen. Ich schlug ihn ab, zerdrückte ihn mit der Tatze.

Es konnte nicht gestohlen worden sein.

Niemand war groß genug, um dort zwischen die Wurzeln zu langen! Keiner wusste, wo diese verdammten Pilze wuchsen, und ich hätte es gehört, wenn einer losgegangen wäre!

Ruhelos hastete ich zum Höhleneingang. Ich war jetzt hellwach, als hätte ich drei Stücke Nachtkralle auf einmal gekaut.

Mit pochender Stirn betrachtete ich den Boden. Ich hatte ihn mit meinen eignen Krallen so aufgewühlt, dass ich keine anderen Spuren sah.

Doch was war das?

Ich beugte mich herunter, steckte die Nase in den Schnee und witterte.

Ein fremder Geruch. Ich steckte die Nase tiefer hinein. Entdeckte ein paar Schimmer vom Flechtenstaub.

Dort! Er zog sich dort drüben durch den Schnee.

Ich machte einen Satz zu der Stelle. Bewegte mich so lächerlich fort wie die Wölfe, mit der Nase am Boden klebend.

Woran erinnerte mich der Geruch nur?

Atemlos folgte ich der Spur, die den Abhang herunterführte. Mondlicht spülte über den Hang, als eine schwarze zerzauste Wolke weiterzog.

Spuren! Es waren kleine Tatzenabdrücke mit langen Krallen. Die Träumerin. Ich witterte erneut. Ja! Honigtau. Fremde Pflanzen. Das war die schwarze Mondbärin. Wie hatte ich sie nur vergessen können? Lange konnte sie noch nicht fort sein. Der Geruch klebte zu deutlich über dem Schnee.

Ich brüllte und sprang der Fährte nach, hinab ins Tal.

Ich hätte besser aufpassen müssen! Wachsamer sein. So schnell ich konnte, kletterte ich über die umgestürzten Baumstämme, die wie eine Bahn über die verfilzten Dornenhecken führten. Der weiße Strom dampfte geheimnisvoll, als ich das Ufer erreichte. Die Spur führte am Ufer entlang Richtung Birkenhain.

Ich sah zur Wurzelhöhle zurück.

Noch immer waren keine anderen Wächter zu sehen. Aber ich brauchte sie auch nicht!

Wer, wenn nicht ich, konnte das Gleißen zurückholen?

Ich war der stärkste und schnellste Bär im ganzen Tal, und die Träumerin war ein schwaches Weibchen, das sich hier nicht auskannte.

Der Mond schien mir einen Weg in die Fremde zu leuchten, die Spuren führten eindeutig aus dem Tal heraus.

Ich hob die Nase in den Wind. Weiter als bis zu dem Felsen dort vorne war ich schon seit vielen Jahren nicht mehr gegangen. Unschlüssig trat ich auf der Stelle.

Mit jedem Atemzug, den ich zögerte, entfernte sich die Diebin weiter mit dem Schatz der Bären. Mit meinem Schatz!

Wenn die anderen im Frühling aufwachten und Moduur noch immer da war, würden sie zu mir kommen und mich stumm und anklagend anstarren. Ich musste es zurückbringen, bevor überhaupt irgendjemand merkte, dass es gestohlen worden war. Ich wandte den Kopf nach links. Dort lag Likas Höhle. Sie war eine schnelle Läuferin. Flink und agil. Ob sie dalag und darauf wartete, dass ich sie rufen würde? Einen winzigen Augenblick dachte ich darüber nach.

Aber nein. Ich brauchte sie nicht. Ich wollte sie nicht bei den Wächtern dabeihaben.

Ich atmete durch, warf einen letzten Blick zurück und rannte dann in den unbekannten Teil des Waldes.

Kreischfrost und Heulwinde

Der Mond zog seine Bahn und verschwand hinter den Bergen, die wie Krallenhände in den rußschwarzen Himmel zeigten. Mit der Finsternis, die daraufhin den Wald flutete, kam der Wind.

Heulend fauchte er durch die Tannen. Mir wurden Äste, Schnee und Erdklumpen entgegengeweht. Die Bäume knarzten und splitterten. Jedes Tier wusste, dass dieser Hauch des Himmels tödlich sein konnte.

Ich hielt mich am Hang, suchte mit meinen Tatzen einen Erdspalt. Immer wieder kratzte ich nur über den Felsen, fand hart gefrorene Erde. Ein Ast brach, krachte auf meinen Rücken und hinterließ ein dumpfes Pochen.

Mit halb geschlossenen Augen versuchte ich, mich auf meine Nase zu konzentrieren. Der Sturm roch nach zersplittertem Holz und aufgewühlter Erde, nach Tiefschnee und Gras.

Gras?

Ich hielt inne und schnupperte angestrengt.

Gras war hier fehl am Platz, das konnte nur bedeuten …

Ich stürzte mich kopfüber in eine Schneewehe. Begann zu graben, fand nach einem bangen Augenblick einen Hohlraum.

Mit Gewalt quetschte ich mich hinein. Es war eine kleine enge Höhle, in der ein Grastroll kauerte.

Gnadenlos drückte ich ihn an die Wand, bis jeder Spalt der Höhle mit meinem Bärenpelz ausgefüllt war.

Ich musste niesen. Auch hier wuchsen Mondflechten, und der Glimmerstaub kitzelte mir in der Nase.

»Was soll das? Das ist mein Unterschlupf«, protestierte der Grastroll unter mir.

Ich spürte seine kleinen scharfen Zähne an meinem Bein nagen.

»Klappe, du Wicht«, keuchte ich. Oh, wie schön könnte ich jetzt in meiner eigenen behaglichen Höhle schlummern, wenn diese fremde Träumerin nicht gewesen wäre! Ich kniff die Augen zu und dachte an den Tag zurück, als ich sie gesehen hatte. Mika Mondbärin. Hätte ich sie doch nur richtig erwischt. Ihr einen ordentlichen Prankenhieb und einen Biss in den Nacken verpasst.

Mein Körper bebte vor Zorn. Wenn ich sie in die Krallen bekam! Ich rutschte hin und her, um es dem Grastroll schwerer zu machen. Sein Zwicken und Beißen war aufreibend, wenn ich mir jedoch vorstellte, was ich mit der Diebin anstellte, war es auszuhalten. Draußen rollte ein Eisdonner heran und ließ den Boden erzittern.

Hoffentlich gab es ein Morgen.

Moduur schien genauso zornig zu sein wie ich. Erde rieselte auf meine Schnauze. Kreischfrost bohrte sich mit Stechen durch die Erde bis in mein Fell.

Ich kniff die Augen zu. Versuchte, an das Gleißen zu denken, an die tröstlichen Lichtworte. Doch es gelang mir nicht. Die Mondbärin hatte es auch aus meinen Gedanken gestohlen.

Ich warf mich herum, stieß meine Krallen in die Erddecke. Der Grastroll biss mich erneut und murmelte etwas, das ich nicht verstand, weil mein eigenes Blut heiß durch meinen Kopf rauschte. Die Finsternis, die mich in der engen Höhle umgab, floss in mein Herz und in meine Gedanken.

Finsternis kann erdrückend sein, obwohl sie so weit ist wie der Nachthimmel, dachte ich und versuchte, mich etwas bequemer hinzulegen. Vielleicht drückte auch die Erde, der Schnee oder der Kreischfrost auf meinen Pelz.

Ich verspürte den Drang, mich zu schütteln, aber dafür war kein Platz. Wenn ich doch nur den Grastroll packen konnte. Sie schmeckten nach Sommerwiese. Nach trockenem duftendem Gras, nach Löwenzahn und Sauerampfer.

Ich versuchte, mir den Geschmack vorzustellen und die leuchtend grünen, saftigen Farben, doch die Finsternis war auch unter meine Augenlider gekrochen.

Ein erneutes Grollen fegte über die Erde und ließ mein Innerstes erbeben.

»Du zitterst«, ätzte der Grastroll mit seiner Knisterstimme. »Mach dir bloß nicht vor Angst ins Fell, ich muss hier noch überwintern, wenn der Sturm vorbei ist. Falls er je vorbei sein wird.«

»Halt dein Maul!«, grollte ich und bereute es in der nächsten Sekunde.

Ich pflegte mich nicht mit Grastrollen zu unterhalten.

Sie waren lästige Wesen, die es lustig fanden, Bären in die Nase zu zwicken, wenn wir nach Pilzen und Beeren das hohe Gras durchsuchten.

»Der Sturm dauert schon seit Ewigkeiten«, quietschte der Grastroll und biss mich erneut.

Ich presste mein Bein mit Kraft nach hinten, um ihn zum Schweigen zu bringen, doch jetzt rutschte der Grastroll unter meinen Bauch und begann, mit kleinen Fäusten in mein Fell zu boxen. Da Grastrolle nur in etwa so groß wie eine Wanderratte sind, störte das nur ein bisschen.

Und solange er weitermachte, hatte ich auch das Gefühl, nicht alleine hier unter der Erde begraben zu sein.

Mich schauderte.

Begraben sein.

Ich dachte an Todder, meinen Zwillingsbruder. Er war krank geworden vor einigen Wintern. Hatte sich in eine Erdspalte zurückgezogen und war nie wieder aufgetaucht. Der Wind hat seinen Geist mitgenommen, hatten die anderen gesagt. Ich atmete tief durch und musste schon wieder niesen vom Glimmerstaub.

Ich kniff die Augen so fest zu, dass sie schmerzten.

Genau jetzt brauchte ich das Gleißen. Ich brauchte es zum Einschlafen.

Der nächste Knall ließ die ganze Höhle erbeben, und der Grastroll hörte auf, mich zu boxen.

War er vor Schreck gestorben?

Stille.

Das Heulen wurde leiser. Jetzt hörte ich es nur noch rieseln.

War der Sturm vorbei?

Ich lauschte in die Düsternis.

Meine Ohren zuckten.

Der Grastroll regte sich wieder.

Ein Kreischen.

Frostdolche bohrten sich durch die Erde.

Sie stachen mir unter die Haut.

Ich schlotterte, und mir blieb nichts anderes übrig, als abzuwarten.

Hunger

Ich schwamm durch die Schwärze und wurde von den Angehörigen des Wintervolks gejagt. Sie verhöhnten mich. Zeigten stolz ihr weißes Schneefell, wurden zu Schneebällen und flogen durch die Luft, donnerten wie Lawinen an mir vorbei.

Begruben mich.

Ich schreckte hoch.

Erinnerte mich, wo ich war. Was passiert war. Das Gleißen war gestohlen worden. Der Sturm.

Hastig wälzte ich mich vor. Schüttelte die Müdigkeit ab, während ich mich durch eine Mauer aus Schnee aus der Höhle grub. Ich tauchte in einer fremden Welt auf.

Der Wind hatte unzählige Bäume umgerissen und durcheinander geworfen. Der Schnee türmte sich zu merkwürdigen Skulpturen und bizarren Formen auf. An manchen Stellen war er sogar ganz fortgeweht und hatte den Boden frei gelegt. Doch die Flechten und letzten verbliebenen Beeren waren mit einem unnachgiebigen funkelnden Panzer aus Eis umhüllt.

Ich sah mich um. Von der Fährte der Träumerin war überhaupt nichts mehr zu sehen. Auch die Luft roch klar und frisch.

Wohin war sie gegangen?

Ich scharrte über den gefrorenen Boden.

Woher war ich gekommen?

In der Nacht war ich ihrer Fährte hinterhergelaufen, ohne darauf zu achten, welche Richtung ich eingeschlagen hatte. Das Uralte Gehölz lag schon weit hinter mir.

Unschlüssig blickte ich mich um. Zu meinen beiden Schultern hob sich der Boden. Ich stand in einer Senke, die weiter talabwärts führte. Irgendwas vom Norden hatte die Mondbärin geschwafelt. Wo der Himmel den Boden berührt.

Ich schnaufte laut.

Es half nichts! Ich musste das Gleißen finden.

Ich stapfte los. Kletterte über die umgestürzten Bäume, die wie Straßen und Wege über loses Geröll führten.

Die Sonne erhob sich glühend über Felsgrate, doch ihre Strahlen waren kraftlos und wärmten mir kaum den Pelz. Ein paar schwarzjackige Krähen verfolgten mich mit ihren rauen Stimmen. Sie kreisten hoch oben am blauen Himmel und suchten nach Opfern des Sturmes. Rehe, die sich die Beine gebrochen, Hasen, die es nicht in ihren Bau geschafft hatten.

Wenn ich doch auch nur über diese Schluchten schweben könnte. Von oben würde ich die Diebin schneller ausfindig machen. Einen Moment dachte ich daran, die Krähen zu fragen, ob sie etwas sahen, doch diese Vögel waren blitzhageldumm und machten mich nur wütend.

Ich würde die Mondbärin auch alleine finden.

Angestrengt schnaufend kletterte ich über eine Felskante und konnte weit unten einen See erblicken.

Er war noch nicht zugefroren und spiegelte die Mittagssonne. Dort würde ich als Nächstes suchen. Der See war so weitläufig, dass es von hier aus den Anschein hatte, als stiege die Sonne daraus empor und es gäbe kein anderes Ufer.

Der See verschwand wieder aus meinem Blickfeld, als ich weiterlief.

Schroffe Felsen und eingeschneite Tannen verdeckten mir die Sicht. Hier schien der Wind allerdings nicht so stark getobt zu haben. Die meisten Bäume standen aufrecht. Die Zweige bogen sich trotzig unter der Schneelast und waren zu einem Tunnel geformt. Hier und da tropfte lautlos ein Batzen Schnee von einem Zweig. Durch die Sonne wirkte der Tunnel blau wie der Himmel.

Auf dem Boden reichte mir der Schnee an den meisten Stellen nur knapp über die Tatzen.

Hier und da brachen goldene Sonnenstrahlen durch kleine Lücken in den Ästen. Sie malten helle Flecken auf die Erde.

Die Flecken erinnerten mich an die Leuchtspur, die das Gleißen in meinem Traum hinterließ, und meine Schritte wurden ungeduldig. Die Augen hielt ich fest auf die Spur aus Licht gerichtet. Missmutig schlug ich ein paar dünne Bäume um, während ich bergab stapfte, und schickte mir selbst ein Brüllen voraus. Zerfurchte das Eis mit meinen Krallen. Ich wollte zurück in meine Höhle! Meine Tatzen schmerzten vom ungewohnten Wandern, und jetzt bekam ich auch noch Hunger.

Der See war nah. Ich konnte den Uferschlamm riechen. Die algenbewachsenen Steine, die noch nicht von Schnee eingehüllt waren.

Im Tal war es etwas wärmer als oben, wo die Bärenhöhlen lagen. Gerüche hingen in der Luft. Ab und zu witterte ich die Spur eines Tieres. Ein Fuchs war hier vorbeigekommen. Ein Schneehase, der im Zickzack zum See gehoppelt war.

Keine fremde Bärin.

Der See lag wie ein gewaltiger Spiegel da. Weiden säumten das Ufer. Sie trugen eine Haube aus Schnee, wie betagte Großmütter.

Ich trabte bis an die Böschung. Der Abstieg hatte mich durstig gemacht. Obwohl ich während der Winterruhe normalerweise nichts trinken musste, beugte ich mich herunter und nahm einen großen Schluck, der mir in der Kehle brannte und meinen Magen in einen Eisklumpen verwandelte.

Ich schüttelte mich und ließ den Blick schweifen.

Schwarz und grau ragten die Berge ringsherum in die Höhe. Kratzten am blauen Himmel und fischten nach den vereinzelten Wolken, die versuchten, über sie hinwegzuziehen.

Wie Wächter schmiegten sich fremde Wälder an die Hänge und verbargen das Wintervolk, das sich irgendwo dort herumtrieb, mit einem Mantel aus Waldfinsternis und Heimlichkeiten.

Die Mittagssonne hing wie eine blasse Scheibe über dem Wasser des Sees und ließ es aufblitzen.

Mit meinen Krallen zerfurchte ich den Boden.

Nagte unschlüssig an ein paar Flechten, die zum Vorschein kamen. Welche Richtung sollte ich jetzt einschlagen? War die Mondbärin links am Ufer entlanggegangen oder rechtsherum? War sie überhaupt hierhergekommen?

Eine Windböe kam auf und zerzauste mein Fell.

Es nützte mir nichts, wenn ich hier stand und festfror.

Irgendjemand vom Wintervolk würde früher oder später zum Trinken herunterkommen, und dann würde ich ihn schnappen und ausfragen.

Ich wandte mich nach links und trottete in Richtung einiger Birken. Der Boden war an manchen Stellen noch warm und matschig, und meine Tatzen versanken darin mit einem Schmatzen. Nicht mehr lange und der Boden würde auch hier erstarren. Vielleicht schon am nächsten Morgen.

»Ist hier jemand?«, brüllte ich über den See.

Ich stand mitten im Nirgendwo.

Niemand antwortete mir.

Welche Richtung sollte ich einschlagen?

Ganz an den Anfang zurück? Dorthin, wo ich die Spur verloren hatte?

Aber das würde zu lange dauern. Und wer weiß, ob ich nach dem Sturm auch nur einen Hauch davon wiederfinden konnte.

Ich blickte zur Sonne hoch.

Die Träumerin hatte etwas von Sternen erzählt. Vielleicht sollte ich auf sie warten. Wenn ich Glück hatte, würde die Nacht mir mehr verraten.

Ich rieb mir den schmerzenden Kopf. Mein Magen knurrte. Ich war seit ein paar Tagen auf den Beinen. Meine Fettreserven begannen zu schmelzen. Prüfend tastete ich nach meinem Bauch. Ja, er war kleiner geworden.

Wenn ich das Gleißen nicht bald fand, musste ich mir Nahrung beschaffen. Was nutzte es, mit dem Schatz zurückzukommen und dann in meiner Höhle im Großen Traum zu verhungern? Ohne genug Reserven würde ich nie wieder aufwachen.

Die Kälte aus dem Boden schien in mich hineinzukriechen und nach meinem Herzen zu greifen.

Ich würde immer schwächer werden. Das Fell stumpf. Die Knochen porös. Die Seele krank.

Ich schluckte.

Das durfte und würde nicht passieren. Ich war der stärkste Bär im Uralten Gehölz. Ich starb nicht an Hunger!

Wenn ich auf die Nacht warten wollte, um dem Mond zu folgen, konnte ich auch die Zeit nutzen und unter dem Schnee nach ein paar Flechten suchen. Oder es gelang mir, einen Hasen zu fangen oder ein anderes Beutetier zu finden, das unter dem Schnee schlief. Einen Igel oder Siebenschläfer.

Mir lief das Wasser im Mund zusammen.

Mit der Nase dicht über dem Schnee ging ich unentschlossen umher und grub mich mal hier und dort durch die Schneedecke. Ich fand blasses Moos und ein paar eisige Flechten, die aber meinen Hunger nicht stillen würden. Brummend drehte ich Felsbrocken um, doch niemand schlief darunter.

Wo fand ich Nahrung, wenn Moduur regierte? Was machte das Wintervolk? Lebte es nur von Schnee und Eis? Ziellos trottete ich umher, bis die Nacht den Tag ablöste.

Dicke, bauchige Wolken verhinderten, dass der Mond in dieser Nacht sein silbernes Gesicht zeigte.

Erschöpft legte ich mich in eine Mulde im Schnee, blickte in das graue Allerlei und wartete.

Hunger tobte wie ein Raubtier in meinem Magen und hielt mich wach.

Die Rache
der Vielmäuler

Meine Gedanken verweilten in vergangener Zeit, bevor ich ein Wächter wurde und der ganze Sommer daraus bestand, genug Nahrung zu finden und sich mit den Weibchen gutzustellen.

Es war schon lange her, dass ich selbst gefischt hatte. Früher war ich ein guter Jäger gewesen und konnte mich auf meine Nase verlassen. Ich konnte vom Waldboden ablesen, wo ich etwas zum Fressen fand.

Heutzutage musste ich nur verärgert brüllen, und normalerweise kam einer der anderen Bären und brachte mir etwas. Ich grunzte in den Schnee und starrte in den dunklen Himmel. Wenn ich jetzt brüllte, kam niemand. Ich war einsam und mutterseelenallein.

Ich fand nicht in den Großen Traum, obwohl ich spürte, wie ich schlaflustig wurde.

Als sich der Morgenstreifen an den Himmel malte und ein paar Schneegänse mit rauschendem Schwingenschlag über meinen Kopf zogen, rappelte ich mich hoch. Ich schüttelte mir Schnee und Eis aus dem schwarzen Pelz und setzte einfach eine Tatze vor die andere.

Wohin ich wanderte, wusste ich nicht.

Ich spürte die ganze Zeit nach Nahrung, ohne Erfolg.

Den ganzen Vormittag konnte ich an nichts anders denken als an den Lederbeutel und das verlockende goldene Licht darin. Wie satt mich manche der Lichtworte gemacht hatten. Wie sehr sie meine Brust wärmten.

Jetzt schmerzte mein Körper, weil es nicht da war.

Mein Schädel fühlte sich an, als wolle er sich spalten. Mein Fell juckte, und meine Krallen waren spröde.

Wenn ich doch nie schlafen gegangen wäre. Wenn ich es doch bei mir gehabt hätte. In meiner Brust klopfte ein angstzerglühtes Herz.

Ich ließ meine Krallen über die Rinde einer Fichte fetzen. Holz splitterte. Ich brüllte, und über mir stoben ein paar Tannenmeisen auf und ließen sich gleich wieder sinken.

Ich starrte zu ihnen hinauf. Dort zwischen den Zweigen gab es vielleicht noch den ein oder anderen gefüllten Zapfen.

Sollte ich es wagen und hinaufklettern?

Zögernd streckte ich die Klauen aus. Vor Jahren hatte ich es zuletzt probiert. Doch die Äste waren mir unter den Pranken weggebrochen. Ich war abgestürzt und hätte mir beinahe den Hals gebrochen.

Ich ließ die Krallen wieder sinken und sah mich um.

Und dann roch ich es.

Blut.

Ich streckte mich, um den Duft in der Luft besser wahrzunehmen.

Ein Honighirsch. Er musste schwer verletzt sein. Wahrscheinlich war er schon tot. Mein Magen zog sich vor Hunger zusammen.

Ich musste ihn finden. Wenn ich mir den Bauch vollschlug, würde ich den Winter überleben.

Honighirsche waren schwer zu fangen und gefährliche Gegner mit ihrem nadelspitzen Geweih.

Er musste sich im Sturm verletzt haben.

Mein Weg führte mich in den dichten Wald an einem Berghang. Die noch tief stehende Sonne ließ den Wald in dunklen Schatten liegen, die sich wie ein dicht gewebtes Netz zwischen den Stämmen spannten. Dicke uralte Fichten säumten den Hang. Der Boden war mit struppigen, kahl gefressenen Sträuchern gesäumt. Es lag kaum Schnee auf dem Boden, da sich die dichten Tannenzweige über ihm zu einem eisblauen Kuppeldach wölbten.

Ich klopfte mir die Tatzen ab, als ich zwischen die Bäume trat, und bewegte mich langsamer.

»Zusammenbleiben!«

Ich hielt an.

Das war eine Wolfsstimme.

Vielmäuler.

Ich malmte mit den Kiefern. Hatten sie den Honighirsch erlegt? Dann würde ich mit ihnen kämpfen müssen.

Ich duckte mich, so gut es ging, in die Waldfinsternis.

Wenn die Wölfe mit der Beute beschäftigt waren, bemerkten sie nicht, wie ich mich näherte. Wenn sie mich kannten, würden sie mir ihre Beute kampflos überlassen. Spätestens wenn ich ihnen ein paar Prankenhiebe verpasst hatte. Ich spannte meine Muskeln an.

Da, ich sah graue Schemen, die sich in wilden Sprüngen um etwas am Boden bewegten. Sie heulten und japsten, knurrten und johlten, während sie sich abwechselnd nach vorne warfen.

Der Honighirsch war größer als jedes andere Wild im Wald. Seine Hinterbeine waren schon weggeknickt. Er stieß noch mit dem Kopf zu. Aber er war am Ende.

»Passt auf. Bleibt von den Hörnern weg!« Ich kannte die Stimme.

Mascha! Ich sah die Wölfin nicht weit von mir. Sie sprang immer wieder vor und zeigte den Jüngsten, wie sie an das goldene Fell herankamen. Wie sie sich ducken mussten, wie sie Angriffe vortäuschten.

Ich blieb zwischen den Fichten stehen und beobachtete sie. Sollten sie die Beute doch töten.

»Nicht nachlassen. Ihr habt ihn gleich. Sehr gut!« Mascha wich zurück, als der Honighirsch zu Boden ging.

Meine Nasenflügel zitterten. Der Körper des Tieres dampfte. Doch dann drehte sich Mascha um und entdeckte mich.

Sie kläffte überrascht.

Ich starrte sie an.

Ihre Augen glühten. Sie glühten so wie meine, wenn ich das Gleißen angesehen hatte!

Hatten sie die Diebin getroffen? Hatte die Rudelführerin das Gleißen gesehen und es heimlich erbeutet?

Ich ließ ein markerschütterndes Brüllen hören und preschte mitten unter die Wölfe. Mit einem Jaulen fuhren sie auseinander, sprangen mit eingekniffenen Ruten um mich herum, während ich mit dem Maul schon fast am Honighirsch war, dessen Blut dampfend den Boden tränkte.

»Arkas Nachtfell! Das ist unsere Beute!«, bellte Mascha von ihrem Posten aus.

»Jetzt nicht mehr!«, knurrte ich, richtete mich auf und ließ die Muskeln spielen.

»Ich erhebe Anspruch darauf!«

Ich brüllte den jungen Wolf an, der versuchte, mir zu nahe zu kommen.

»Du hast keinen Anspruch auf Beute. Es ist Moduur. Bären gehören in ihre Höhlen.«

Mascha kam dichter und teilte ihren Kameraden in ihrer schnellen jaulenden Sprache etwas mit, das ich nicht verstand.

»Wann hast du die schwarze Bärin getroffen?«, fragte ich und versuchte, alle Wölfe im Blick zu behalten, doch die sprangen auseinander und umkreisten mich, sodass mir beinahe schwindelig wurde. Wie viele waren es?

»Ich habe keine schwarze Bärin gesehen. Du bist der Einzige, der vergessen hat, wo gerade sein Platz ist! Ich biete dir jetzt die Gelegenheit zu gehen, Arkas. Ansonsten werden wir dich töten.«

Ich lachte bellend.

»Versucht es doch!«

»Ich hab dich gewarnt, Dickbacke!«

Die Wölfe sprangen in Formation und schossen von allen Seiten auf mich zu. Ich machte einen schwungvollen Prankenhieb in die Runde, erwischte aber keinen. Dafür biss mich etwas in den Rücken.

Einer der Wölfe war auf mich gesprungen.

Ich brüllte und schüttelte mich. Der Wolf konnte sich nicht halten und flog von mir herunter. Gleich kam einer von links. Ich schlug nach ihm, wurde dafür aber von rechts gebissen.

»Denkt an meine Worte!«, rief Mascha, die hin und her lief und ihr Rudel führte.

»Ich habe euch gesagt, wie wir dicke Bären besiegen können.«

»Sie sind langsam im Winter, fett, träge, überheblich!« Wieder biss mich etwas ins Bein. Ich erwischte dafür einen Wolf mit der Pranke. Er flog davon und krachte gegen eine Tanne. Schnee rutschte von ihren Ästen und fiel auf uns herab.

»Der Winter macht uns stärker, Arkas Nachtfell«, behauptete Mascha.

»Du bist uns unterlegen!«, jauchzte ein Wolf, der um mich herumtanzte.

»Sieh dich an, du träger Brocken!«

»Wenn wir mit dir fertig sind, werden wir uns satt fressen!«

Heißer Zorn pochte hinter meiner Stirn.

Die Wölfe sprangen wie graue Schatten um mich herum.

»Du wirst bald nur noch abgenagter Knochen sein. Bleich wie der Schnee!«

Sie waren so schnell.

»Moduur wird dich holen.«

»Du bist schwach!«

Noch ein Biss. Blut rann durch mein Fell, das in Büscheln durch die Luft flog. Warum wollte es mir nicht gelingen, die Vielmäuler zu erwischen? Hatten sie recht?

Mascha schrie unentwegt Befehle. Sie beobachtete mich genau. Schickte ihre Wölfe dorthin, wo ich sie nicht erreichen konnte. Als ich mich herumwarf, bemerkte ich entsetzt, das zwei von den Grauen dabei waren, die Beute fortzuschleifen.

Ich wollte ihnen nach, aber gleich erwischte mich wieder ein Reißzahn.

Mein Körper bestand aus Schmerz. Heißem Zorn. Er pochte dumpf von oben bis unten.

»Wir kriegen dich, Nachtfell! Wir haben dich. Dein Blut wird die Erde tränken.«

»Wir sind stärker als du!«

Ein Brüllen entrann meiner Kehle. Endlich gelang es mir, zwei zur Seite zu schlagen. Dann preschte ich den beiden mit der Beute nach. Sie waren aus dem Wald gelaufen und hinterließen eine rote Spur im Schnee.

Ich atmete schwer. Konnte kaum Luft holen. Die anderen waren schon wieder gleichauf mit mir.

»Dranbleiben! Er kann uns nichts anhaben.«

Die zwei mit dem riesigen Hirsch zwischen sich kamen nicht schnell voran, aber auch ich wurde ständig von Bissen zurückgehalten.

»Sieh es ein, du hast hier draußen nichts verloren. Das ist das Revier des Wintervolkes«, höhnte Mascha.

Ich warf ihr einen Blick zu.

»Das Gleißen! Sag mir, wo du es gesehen hast, und ich lasse euch in Ruhe!«

»Du lässt uns in Ruhe?«, rief die Wölfin belustigt.

»Als ob du hier irgendwelche Forderungen stellen könntest.«

Etwas knackte unter meinen Hinterbeinen.

Ich blieb abrupt stehen.

Erst jetzt bemerkte ich, dass die Wölfe mich auf ein zugefrorenes Stück des nahen Sees getrieben hatten.

Ich wollte umkehren, doch schon brach das Eis unter meinem Wintergewicht ein, und meine Hinterbeine sanken ins kalte Wasser.

Panisch klammerte ich mich mit meinen vorderen Krallen an der Eisfläche fest, um nicht zu ertrinken.

Sofort schlossen die Wölfe einen spottenden, beißenden Ring um mich.

»Ich habe dich studiert, Nachtfell. Ich kenne deine Überheblichkeit. Du wirst uns nie wieder die Beute abnehmen«, drang Maschas Geheule an meine Ohren.

»Du wirst schon schwächer. Merkst du es? Du bist verloren! Du wirst hier untergehen. Einsam und verlassen.«

»Schwächling!«, zischte einer der Wölfe.

»Weichling!«, höhnte ein anderer.

Ich konnte sie nicht mit meinen Pranken verscheuchen, denn ich musste mich festhalten. Ich konnte ihnen nicht widersprechen, denn ich brauchte meine Zähne, um nach ihnen zu schnappen.

»Gleich fällst du! Gleich versinkst du!«, riefen zwei im Chor.

Meine Muskeln zitterten. Das eisige Wasser zerrte an meinem Fell. Ganz langsam rutschte ich immer weiter hinab, während die Wölfe um mich tanzten und krakelten, mich bissen und auslachten.

Ich hörte sie kaum. Mein Herz hämmerte so schnell, das Klappen meiner Kiefer, die ins Leere schnappten, übertönte alles. Dann war da wieder Mascha mit ihren funkelnden Augen.

»Das Gleißen!«, keuchte ich erneut, doch wieder schien Mascha die Frage nicht zu hören.

Sie beugte sich jetzt dicht zu mir, unsere Schnauzen berührten sich fast.

»Und das alles nur, weil du deine Höhle verlassen hast. Weil du dich hinaus aus dem sicheren Tal gewagt hast, zu einer Zeit, wo du hier nichts verloren hast. Was hat dich herausgetrieben?«

Ich wollte antworten, dass ich das Gleißen suchte, doch dann würde sie verstehen, dass ich es verloren hatte. Dass es gestohlen worden war und ich bei der Aufgabe, es zu bewachen, versagt hatte.

Ich schwieg also und starrte ihr in die Augen. Versuchte, die warmen Lichtworte draus zu stehlen, doch sie blieben kalt, und ich rutschte unaufhaltsam ins Wasser hinab. Meine Lippen formten stumm das Wort Hilfe.

Ich hatte nicht damit gerechnet, den nächsten Augenblick zu überleben, doch dann kehrte das Gleißen zu mir zurück.

Das steinerne
Labyrinth

Ein Lichtblitz flog wie aus dem Nichts unter die Wölfe. Das Gleißen mit seinen goldenen Strahlen blendete sie, trieb die Vielmäuler auseinander und verjagte sie in alle Himmelsrichtungen.

Keuchend blieb ich, wo ich war, und starrte ausgehungert auf das Licht, bis es plötzlich wieder verschwand.

Die schwarze Bärin stand vor mir und schob das Gleißen zurück in den Beutel.

»Geht's dir gut?«, fragte die Mondbärin, die mein Vorderbein packte und daran zerrte.

Ich schnaufte nur zur Antwort, während ich mich aus dem Eisloch mühte. Sackte zusammen, als ich es geschafft hatte.

Mika setzte sich und sah mich besorgt an. Der Boden um mich herum war aufgewühlt und mit Fellbüscheln und Blut gesprenkelt.

Ich fühlte mich zittrig und konnte kaum sprechen. Die Worte der Wölfe brannten schlimmer als ihre Bisse in meiner Haut.

Du bist schwach. Warum hast du deine Höhle verlassen?
Du gehörst nicht hierher.

Mika schob mir mühevoll den Kadaver des Hirsches hin.

»Iss was, das wird dich stärken. Die Graupelze haben dir ganz schön übel mitgespielt.«

»Ich hätte sie schon bezwungen«, knurrte ich heiser und riss ein Stück noch warmes honigzartes Fleisch ab. Ich kaute, ohne die Diebin aus den Augen zu lassen.

»Da bin ich mir sicher«, meinte Mika und kratzte sich die kleinen Ohren. »Sah trotzdem übel aus.«

Mit einer Tatze stupste sie den Lederbeutel an, der auf ihrer Brust hing.

»Gut, dass ich das dabeihatte.«

Ich verschluckte mich und keuchte.

»Diebin!«, japste ich, als ich das Fleisch wieder hochgewürgt hatte. Mein Fell sträubte sich.

»Wer, ich?« Mika sah sich nach allen Seiten um, als erwartete sie, dass dort hinter ihr noch jemand anderes stehen würde.

»Das Gleißen zu stehlen, während wir uns in den Großen Traum begeben, war gemein!«

»Was ist der Große Traum?«, fragte die Mondbärin neugierig.

Ich hörte auf zu kauen und starrte sie mit schmalen Augen an.

»Was redest du da? Alle Bären kennen den Großen Traum, der mit Moduur kommt und erst im Frühling endet.«

»Ich nicht«, behauptete Mika und strich sich durch das glänzende schwarze Fell.

»In dem Land, aus dem ich stamme, gibt es keinen Großen Traum. Man verpasst ja alles, wenn man bis zum Frühjahr schläft!« Mika fuhr mit den Tatzen durch einen Haufen Schnee und warf ihn über sich in die Luft. Er rieselte sanft über ihren Schädel und setzte sich als helle Tupfer in ihrem nachtschwarzen Fell nieder, sodass es aussah, als würden Sterne in ihrem Fell glänzen.

»Das hier gibt es bei uns auch nicht. Schnee heißt das, oder? Das hat mir ein großer schwarzer Vogel erzählt.«

Hastig nahm ich noch einige Bissen vom Honighirsch.

Das noch warme Blut des Tieres flößte mir wieder Kraft ein.

Das Fleisch war fettig und gehaltvoll. So würde ich die nächsten Tage überstehen, um das Gleißen zurückzubringen.

Mika spielte mit dem Schnee.

»Das ist zauberhaft. So luftig, leicht und kühl. Ob das Wolken sind, die an dem hohen Gebirge dort zerschellt sind?« Sie blickte in Richtung der steilen Berghänge, die hinter dem Wald in die Höhe ragten.

»Was bist du für ein Dummkopf! Es gibt kein Land, in dem

Moduur nicht einzieht! Jeder Bär kennt den Großen Traum. Es kann nicht anders sein.«

Ich zerfurchte das Eis mit den Krallen. Langsam kam wieder Gefühl in meine Glieder. Gleich hatte ich mich genug ausgeruht, um mir das Gleißen zurückzuholen. Ich musste die Bärin nur noch ein bisschen hinhalten.

»Wir ruhen manchmal in den Zeiten des weinenden Himmels. Wenn der Regen so stark ist, dass man seine Höhle nicht verlassen kann. Ansonsten schlafe ich am liebsten am Tag. Du und diese Graupelze haben mich geweckt. Ich wollte erst im Mondlicht weiterwandern, Richtung gefrorenes Meer.«

Weinender Himmel? Wandern im Mondlicht? Gefrorenes Meer?

Ich kräuselte die Lippen. Vom Meer erzählten manche Vögel. Es war das endlose Wasser. Ein riesiger See.

Ich hielt das für eins ihrer flatterhaften Hirngespinste.

»Um dort hinzugelangen, muss ich nur immer nach Norden gehen«, sagte die Bärin und blickte über die Berge hinweg. Dabei drehte sie mir den Rücken zu.

»Her damit!« Ich warf mich nach vorne und fiel in den Schnee.

Mika hatte sich blitzschnell beiseite gerollt und rannte auf flinken Beinen dem Berg entgegen.

Ich schüttelte mich und setzte ihr nach.

Die Bisse der Wölfe stachen und brannten und rissen weiter auf, wenn ich schneller wurde.

Notgedrungen musste ich mich langsamer bewegen, wenn ich nicht verbluten wollte.

Doch ich hatte die Spur! Sie führte zurück in den Wald, Richtung Berge.

Atemlos kämpfte ich mich durch die riesigen Fichten hindurch. Kletterte über frühfrostfahle Felsen und schlug das dornige Gehölz beiseite.

Mika war nicht einzuholen. Sie kraxelte wie ein schwarzer Schatten geschickt den Hang hinauf, der sich vor uns auftat.

Ab und zu warf sie einen Blick zurück und beobachtete mich. Ich hoffte, sie hatte Angst. Sie würde wissen, dass ich sie nicht noch mal entkommen lassen würde!

Ich blieb ihr auf den Fersen.

Das Gleißen war zum Greifen nahe.

Ich hatte es fast geschafft.

Mika wurde langsamer, als es steiler hinaufging. Die Bäume blieben hinter uns zurück. Nur noch an wenigen Stellen ragten sie aus dem Felsen. Dafür gab es wieder mehr Schnee.

Steine rollte mir von oben entgegen. Sprangen mit hellem Klackern an mir vorbei und rissen hier und da Schneebatzen mit sich.

»Entschuldigung!«, rief sie von oben, als mir ein besonders großer Brocken entgegenkam. Ich konnte ihm gerade noch ausweichen.

»Du könntest ja einfach stehen bleiben!«, grollte ich den Hang hinauf, doch die Mondbärin schien mich nicht zu hören.

Mit ihrem Hasengewicht und den langen Krallen kam sie viel einfacher hinauf als ich. Ihr Blick war konzentriert auf einen Höhleneingang gerichtet, den man von hier aus schon sehen konnte.

Ich hatte Mühe, mich ungelenk über einen steilen Felsvorsprung zu ziehen. Mir tat alles weh. Die Bisse und die Worte der Wölfe schienen mich zu vergiften.

Du bist schwach. Du gehörst nicht hierher, hörte ich sie jaulen und heulen.

Mir wurde schwindelig, und der Berg tanzte um mich herum wie eine besonders hässliche plumpe Schneefee. *Warum hast du deine Höhle verlassen? Du gehörst nicht hierher.*

Wahrscheinlich wäre ich abgestürzt, wenn über mir nicht auf einmal das Gleißen zu leuchten begonnen hätte.

Die Diebin schien schon wieder einen Blick darauf zu werfen. Dabei gehörte das Gleißen mir!

Mit einem Brüllen zog ich mich hoch und flog förmlich auf den nächsten Felsvorsprung.

Vor mir ragte der Höhleneingang auf.

Eine solche Höhle hatte ich noch nie gesehen!

Wenn ich mich auf die Hinterbeine stellte, konnte ich nicht den steinernen Bogen berühren, der den finsteren Spalt im Gebirge überspannte.

Ein kühler Hauch kam aus dem Inneren des Berges, als sei er eine atmende Kreatur, die nur darauf wartete, mich zu verschlucken.

Die Diebin war nirgends zu sehen. Sie musste hineingegangen sein.

Warum? Wollte sie sich vor mir verstecken?

Wollte sie sich ausruhen?

Mein Herz pochte wild. Egal, was sie dazu bewegte – wenn die Höhle keinen zweiten Ausgang besaß, saß sie in der Falle.

Humpelnd tauchte ich in die Tiefen der Höhle ein.

Ich konnte die Fährte der Mondbärin genau vor mir sehen.

Der Lederbeutel mit dem Gleißen musste etwas offen stehen. Eine staubfeine Schicht aus Licht klebte an den grauen Tunnelwänden, durch die ich mich bewegte.

Der Gang führte erst sanft bergab und gabelte sich dann bald in mehrere Abzweigungen. Ich blieb nur kurz stehen und schob meine Nase in jeden Gang, bis ich den Geruch der Mondbärin gefunden hatte und das hauchfeine Schimmern.

Ein Schauer lief mir durch den brennenden Pelz, als ich in den gewundenen Gang lief. Ich hatte noch nie eine so große Höhle betreten. Unwillkürlich musste ich mir vorstellen, ob vor langer Zeit hier die erste Bhas mit ihren Jungen herausgekommen war, um Moduur zu vertreiben.

In meiner Vorstellung waren die Bären zu frühen Zeiten größer als Bäume.

Ich kniff die Augen zusammen. Stockdunkel war es hier. Aber ich hatte keine Angst davor. Wie jedes Wesen auf der Welt stammte ich aus einer Höhle, in der ich mit meinem Bruder und meiner Mutter gelebt hatte. Meine früheste Erinnerung führte mich dahin zurück, ins Behagliche, Warme, Geborgene.

Nur war die Höhle damals sehr viel kleiner gewesen. Gerade so, dass man sich herumdrehen konnte. Das hier hingegen war ein Labyrinth!

Ich tastete mich über loses Geröll, und hier und da berührten meine Tatzen Moosflechten. Einige schimmerten bei meiner Berührung auf. Das war Mondmoos wie in der Wurzelhöhle.

Ein weiteres Grummeln entrann meiner Kehle. Das Gleißen musste kurz vor meiner Nase sein!

Etwas Kaltes tropfte von oben herab, als der Gang sich wieder verengte. Ich schnaubte und schüttelte mich. Feuchte Höhlen waren schlecht. Hier konnte man nicht in den Großen Traum sinken, ohne dass Wasser in den Pelz kroch und man krank wurde.

Erneut teilte sich der Gang in mehrere Tunnel.

Ich blieb stehen. Die Konturen des Steines konnte ich kaum

ausmachen. Einen aberwitzigen Herzschlag lang dachte ich, dass die Nacht selbst in diese Tunnel geflossen sein musste.

Hielt ich die Augen geschlossen oder offen?

Ich blinzelte heftig, senkte meine Schnauze auf den Boden und schnüffelte.

Wo war die Spur der Träumerin?

Ich wandte mich hin und her. Suchte den Boden ab wie ein Wolf und kam mir lächerlich dabei vor.

Moment, war das ein Schimmer?

Blass sah ich einen Tatzenabdruck vor mir. Er prangte auf einer Stelle zwischen zwei Tunnelgängen. In welchen sollte ich gehen?

Ich untersuchte die beiden Gänge und scharrte dabei mit meinen Krallen über den Felsen. Hier fühlte er sich beinahe butterweich an. Weiße Steinchen blieben unter meinen Krallen hängen.

Was half es mir, hier lange herumzustehen? Wenn die Träumerin mit dem Gleißen in dem Tempo weiterlief, dann hatte ich keine Zeit zu verlieren!

Ich tauchte in den Gang links von mir ein. Er war sehr schmal, und meine Schultern berührten den Stein, was mir ein vertrautes Gefühl gab.

Nach ein paar Schritten hatte ich zum Glück den Geruch nach Honigtau und schweren süßen Pflanzen in der Nase und war mir sicher, richtig zu sein. Ich versuchte zu rennen, doch der Gang hatte viele Windungen, und ich stieß mir ein paar Mal die Schnauze, weil so abrupt eine Wand vor mir auftauchte, als hätte irgendjemand sie in diesem Moment hingeschoben.

Einige Augenblicke später veränderte sich der Gang. Der Stein wurde schroffer und schärfer. Meine Tatzen brannten von den Spitzen, die aus den Boden ragten. Immer wieder blieb ich mit meinem Fell hängen. Ich fand ein Fellbüschel der Träumerin, das mir Zuversicht einflößte.

Ich hatte sie bald.

Ich ließ meine Kiefer mit einem bedrohlichen Klacken aufeinander schnappen.

Ich lauschte dem Geräusch, das durch den Tunnel kollerte, und blieb abrupt stehen.

Was war das?

Meine Ohren zuckten, als ich das Geräusch verfolgte.

Ich hielt den Atem an.

Silberhell tanzte ein vergnügtes Summen durch die Dunkelheit. Das war die Mondbärin, und sie hatte die Frechheit, in aller Seelenruhe ein Liedchen anzustimmen!

Heißer Zorn pochte hinter meiner Stirn, und ich nahm die Verfolgung wieder auf.

Drei Abzweigungen taten sich auf. Ich folgte dem Summen, das zwischen den Wänden hin und her pendelte wie ein gefangenes Insekt. Ich kannte die Melodie irgendwoher. Energisch schüttelte ich mich. Dieses Summen war schlimmer als Insektenstiche, denn es wühlte in meinem Inneren.

Mir juckte der Pelz. Ich bog in den nächsten Gang und blieb stehen.

Bunte Kristalle bedeckten die Wände. Das Leuchten des Gleißens musste sich darin gefangen haben. In allen Farben schimmerten die Steine um mich herum.

Doch was war das da vorne? Ich sah doch eindeutig eine schwarze Gestalt verträumt zwischen den lichtumglänzten Steinblumen herumspazieren.

»Ist das nicht ein Wunder?«, hörte ich Mikas Stimme so nahe, als stände sie neben mir.

»All die Farben! Wie die Blumen im dunklen Grün, wenn der Himmel weint.«

Ich antwortete nicht, sondern nahm Anlauf und hetzte an dem Gefunkel und Glänzen vorbei.

Da war sie. Gleich hatte ich sie!

Mika hatte sich auf den Hintern gesetzt und starrte vor sich hin. Drehte den Kopf hin und her wie eine junge Bärin, die zum ersten Mal sieht, wie Moduur vom Gebrüll der Bärenmütter und dem Licht des Gleißens vertrieben wird.

Ich setzte zum Sprung an, doch in diesem Moment fiel mir auf, dass etwas merkwürdig war.

Es war zu spät. Ich krachte mit einem dumpfen Aufprall gegen einen Kristall, der Mika gespiegelt hatte.

Mein Schädel dröhnte, als wäre er gespalten.

»Ach, herrje!«, rief Mika links von mir.

Ich hörte ihre langen Krallen über den Boden kratzen.

Ich konnte mich nicht bewegen. Atmete schnaufend.

Spürte die Mondbärin neben mir.

Etwas fuhr mir über den Pelz. Hatte sie mir gerade mit der Tatze über den Kopf gestrichen?

»Ich kann nichts sehen. Keine Platzwunde. Da hast du noch mal Glück gehabt. Das hat ganz schön gekracht, Arkas Nachtfell! Da vorne ist sogar einer von diesen hübschen Steinen abgebrochen.«

Sie war so dicht bei mir! Das Gleißen baumelte fast über mir.

Ich schlug mit der Pranke zu. Bekam sie zu fassen. Mika schrie auf und sprang zurück.

»Gib es mir!«, fauchte ich und rappelte mich hoch.

Der Boden begann sich unter meinen Tatzen zu drehen, und ich schwankte.

»Bleib lieber liegen«, hörte ich die Mondbärin sagen.

»Ich gehe jetzt weiter. Das Meer ruft mich. Ich muss den Stern zurück an seinen Platz bringen.«

»He!«, brüllte ich und machte einen Schritt, doch der Boden zog sich unter meinen Tatzen weg. Ich schloss die Augen und konzentrierte mich auf meine Nase.

Eine Vielzahl von Gerüchen umgab mich, ich konnte die Düfte wie farbige Bänder vor meinem Traumauge sehen.

Nussig riechende Insekten, die in den Flechten zwischen den Steinen krabbelten. Die stumpfe Feuchtigkeit an den Wänden. Und da war die Mondbärin. Ich hielt die Augen halb geschlossen und schleppte mich vorwärts, hinaus aus der Kristallhöhle in einen angrenzenden Gang, der lichtlos war. Der rötliche Stein wellte sich unter meinen Tatzen. Der Tunnel war eng. Die Luft schien still zu stehen und war wärmer als in den anderen Teilen der Höhle.

Wanderte ich durch den Rachen eines Riesen? Vielleicht eines Steindrachens aus alten Zeiten? Schnell weiter!

Der Tunnel wurde immer schmaler, und mein Rückenfell streifte die Decke.

Ich musste mich hindurchzwängen und mochte nicht daran denken, was passieren würde, wenn ich hier stecken blieb.

Die Träumerin war kleiner als ich! Sie konnte die Lücken problemlos passieren, was mir nicht gelang.

Eine gierige kleine Krallenhand griff nach meinem Herz. Das war die Angst, alleine hier drinnen festzustecken.

Du gehörst nicht hierher. Du bist schwach. Du schaffst es nicht!

An einer Kreuzung veränderte sich der Weg. Es wurde noch wärmer und feuchter, sodass ich durch Pfützen watete, dann kam ich an einem See vorbei, durch den leuchtende, halb transparente Fische schossen. Doch ich hatte keinen Blick übrig für die angeberischen Spiele, die sie dort trieben. Sie sprangen immer wieder aus dem Wasser und schlugen Purzelbäume.

Ich folgte dem Ufer zum nächsten Tunnel. Hier ging ein heulender Wind hindurch und zerzauste mir das Fell. Er kühlte meine heißen Wunden, welche die Vielmäuler mir zugefügt hatten.

»Wir haben schon einen Großteil des Berges durchquert«, sagte plötzlich Mika.

»Auf der anderen Seite befindet sich ein neues Land. Eines, in das ich noch nie gereist bin. Warst du schon hinter den Bergen, Arkas?«

»Bleib stehen!«, fauchte ich und lief schneller. Trug der Wind ihre Stimme zu mir oder lief sie da vorne durch die Dunkelheit? Der Tunnel schien sich ewig in die Länge zu ziehen. Mir kam es vor, als würden Tage vergehen.

»Von diesem Weg hat mir der Wind erzählt«, hörte ich Mikas Stimme.

»Hast du schon mal das Meer gesehen? Ich habe auch die Fische gefragt, in dem See dort hinten. Es soll salzig schmecken, wie Tränen. Ob es aus Tränen besteht? Ob alle Tränen ins Meer fließen?«, plapperte die Diebin vor sich hin.

Ich hatte keine Antworten auf diese dämlichen Fragen.

Es wurde wieder kälter. Näherten wir uns einem Ausgang?

Der Geruch nach Eis und Schnee stach mir kühl in die Nase.

Der Tunnel teilte sich. Nicht weit entfernt war ein Leuchten zu sehen.

»Hab ich dich!« Ich machte einen Satz nach vorne und flog ins Leere. Ich war nicht in einen Tunnelgang gesprungen, sondern über eine schmale Felskante! Hilflos ruderte ich mit den Tatzen durch die Luft. Schlitterte haltlos den sanft abfallenden Felsspalt hinunter. Hier hatte sich wieder Eis gebildet.

Ich versuchte, die Krallen hineinzuschlagen, aber ich rutschte ab.

In einem Wirbel aus Schnee und Eis ging es weiter abwärts.

Dann fiel ich.

Der Aufprall raubte mir die Atemluft.

Ein dumpfer Schmerz pochte durch meinen Körper.

Alle viere von mir gestreckt lag ich auf einem Hügel aus blauem Eis. Hinter mir schien Licht hinein und brachte die Wände einer Höhle zum Schimmern.

Stöhnend blickte ich hinauf. Zwei Bärenlängen über mir war das Loch zu sehen, durch das ich gefallen war.

Unerreichbar.

Die Wände um mich herum waren steil und glatt.

Langsam wandte ich den schmerzenden Kopf und entdeckte einen schmalen Spalt in der Wand hinter mir. Tageslicht flutete hinein, floss über die Schneewehen, die von außen hineingedrückt worden waren. Es kroch auch über einen gewundenen merkwürdigen Haufen.

Ich blinzelte. Was war das?

Ich kam auf die Füße und streckte die Tatzen aus. Zum Glück hatte ich mir nichts gebrochen. Nur ein paar Wunden waren tiefer geworden. Vorsichtig berührte ich das Gebilde. Es war weich und gab unter meinen Pranken nach.

Umständlich stieg ich darüber hinweg und ging zum Spalt.

Frische Luft umspielte meine Nasenspitze. Dahinter roch es nach Wald und Freiheit.

Ich steckte meinen Kopf durch den Spalt, kam aber nicht weiter, denn meine Schultern waren zu breit.

Knurrend hob ich die schmerzende Tatze und kratzte an der Öffnung, doch der Stein war hart und unnachgiebig.

Hier passte ich nicht durch!

Ich schob und drückte trotzdem weiter. Angelte mit einer Tatze in die Freiheit. Ruckelte hin und her.

Ich biss die Kiefer fest zusammen. Es musste einen anderen Weg geben.

Ich drehte mich um und sah erneut zu dem Loch hoch, aus dem ich gekommen war.

Eine Eisperlenspinne seilte sich dort ab und begann, ein Netz zu spannen, als wollte sie mich hier unten einsperren.

Ich richtete mich auf und wollte nach ihr schlagen, doch vergebens.

Knurrend sah ich mich um.

In der Ecke auf einem Felsen, auf dem kein Schnee lag, ruhte der Körper einer riesigen perlmuttfarbenen Schlange.

Ich schluckte. Das Reptil war länger als ich! Dick wie ein Baumstamm. Ich wagte es nicht, mich zu bewegen. Vor Schlangen, waren sie noch so klein, hatte ich einen gewissen Respekt, solange sie dem Gleißen nicht zu nahe kamen.

Ich ließ mich lautlos wieder auf alle viere nieder.

Eingesperrt mit einer Riesenschlange.

Oder gab es hinter diesem großen Stein einen anderen Ausgang? Ich musste es riskieren und nachsehen, bevor die Mondbärin, die mein Gleißen bei sich trug, wieder einen großen Vorsprung bekam!

Ich atmete tief durch und schlich um den Felsen herum.

Doch auf der anderen Seite war nichts außer glatter Wände.

Wütend brüllte ich auf und schlug dagegen. Über mir war ein Zischeln zu hören. Dann ein Rasseln, als sich die Schlange bewegte und ihre rauen Schuppen über den Felsen schabten.

Ich blieb, wo ich war. Dicht an den Stein gedrückt, der sich merkwürdig warm anfühlte, als hätte den ganzen Tag die Sommersonne darauf geschienen.

Träge blinzelnd schob sich der Schlangenkopf über den Felsen und betrachtete den aufgewühlten Boden, dort wo ich hinuntergestürzt war.

Hier und da sah ich rote Flecken im Schnee. Einige der Wunden auf meinem Rücken bluteten also noch.

Ich verhielt mich ruhig, denn die Schlange schien noch nicht wach zu sein. Mit schlängelnden Bewegungen streckte sie ihren schuppigen Leib einmal quer durch die Höhle und warf einen Blick aus dem schmalen Spalt.

Auf ihrem weißen Körper entdeckte ich goldene Muster, die wie Mond, Sonne, Sterne und Farne aussahen.

Einen Moment verharrte sie regungslos, dann zog sie sich zischelnd wieder zurück auf ihren Felsen und rollte sich ein.

Ich atmete schnaufend aus und legte mich vorsichtig nieder, bevor ich die Augen schloss. Ich musste nachdenken. Wie kam ich hier raus?

Müdigkeit überfiel mich, und auch wenn ich wusste, dass die Diebin ihren Vorsprung wieder ausbaute, musste ich einen Moment ausruhen, um wieder zu Kräften zu kommen.

Das Rätsel der Wisperschlange

Der Große Traum nahm mich mit. Ich schwamm in einem warmen Strom dahin, durch einen Wald, der sein Herbstkleid trug. Es kam mir vor, als würde der Wald in Flammen stehen.

Nebelschwaden zogen sich um das Flussufer. Als ich genauer hinschaute, erkannte ich andere Tiere, die am Ufer standen und mir stumm nachsahen.

Lika war auch da. Sie winkte mir nach. Und da war Katjur, der einen großen Fisch im Maul trug. Da drüben waren Ofren und Schinka am Ufer.

Ich trieb an ihnen vorbei wie ein Fisch im Wasser, und das fühlte sich beruhigend an. Das warme Wasser, das meinen Körper umspülte und meine Wunden heilte.

Ich drehte mich auf den Rücken. War lange nicht mehr im Strom geschwommen.

Die guten Badeplätze lagen weit von der Wurzelhöhle entfernt. Man vergaß schnell die Zeit, wenn man Fische fing, das Ufer nach Flusskrebsen und Brunnenkresse absuchte.

Ich blickte zurück.

Das Gleißen.

Wie konnte ich mich hier so seelenruhig treiben lassen, während es sich immer weiter von mir entfernte?

Ich begann, mit den Beinen zu strampeln und mich zu drehen. Ich musste zurück zur Wurzelhöhle!

Ich mühte mich ab, doch der Strom trug mich immer schneller davon. Das Wasser sprudelte über meinem Kopf.

Ich riss die Augen auf.

Da war kein Wasser.

Ich lag noch immer in der Eishöhle, und vor mir schwebte der Kopf der Wisperschlange. Ihre Zunge zischelte über mein Fell, als würde sie mich damit abtasten.

»Lass das!«, knurrte ich und schüttelte meinen Pelz. Wie lange hatte ich geschlafen? Das Licht vor dem Spalt hatte einen anderen Ton angenommen. Hatte ich nur Augenblicke geschlafen oder Tage? Wenn der Große Traum kam, wusste ich das nie so genau.

»Warum bist du hier?«, zischelte die Schlange laut, und die Frage schien mich bis ins Mark zu treffen. Die Schlange zuckte vor, als wolle sie mich beißen, doch sie sprach nur in einem merkwürdigen Singsang weiter.

Warum bist du hier?
Es ist diese eine Frage,
Die ich an dich habe.
Was machst du bei mir?

Vermutlich wollte sie wissen, warum ich in das Loch gefallen war, doch ich wich stumm zurück und lauschte meinem pochenden Herzen, das plötzlich mit Sehnsucht geflutet wurde. Ja! Warum war ich hier?

Die Frage floss tief in mich hinein.

Was sollte ich antworten?

Weil ich der Wächter des Gleißens war? Stimmte das denn

überhaupt noch? Es war gestohlen worden. Verloren gegangen. Nun war ich zum Jäger des Gleißens geworden.

Warum bist du hier?

Als ich nicht antwortete, nahm die Wisperschlange den Kopf etwas zurück. Ihre schmalen Augen blitzten mich an.

Bären
Träge Waldkönige
Träumen ihr Leben.
Überlisten den Winter schlafend,
Gleichmut.

Die Schlange zischelte diese Worte mit wiegendem Kopf.

Ihr langer Leib rollte sich hinter mir vom Felsen herunter und kreiste mich ein. Ich spannte die Muskeln an.

Warum bist du hier?
Du kennst die Antwort bald,
Sie liegt am Meer hinter dem Wald.
Sie gilt für jedes atmende Tier.

Es klang geheimnisvoll.

»Sag, wie komme ich hier raus, Schlange?«, fragte ich und richtete mich auf die Hinterbeine auf.

Der Schwachpunkt musste der Kopf der Schlange sein. Wenn sie mich angriff, müsste ich blitzschnell zubeißen.

Ausgang.
Öffne dich.
Befreie dich selbst.
Geh durch dich selbst.
Fortwährend.

Der Kopf der Schlange bewegte sich wieder dichter auf mich zu.

»Was?«, brummte ich.

Warum bist du hier?
Es ist diese eine Frage,
Die ich an dich habe.
Was machst du bei mir?

Die Schlange blieb hartnäckig und wollte eine Antwort von mir.

»Kannst du auch in richtigen Sätzen mit mir sprechen, Schlange?«

Sie schüttelte sich. Ihre strahlenden Augen waren blau wie das Eis, und ihre Zunge war schwarz, lang und gespalten.

Wisperschlange
Gewundene Klugheit
Wirft Altes ab.
Schlüpft in neues Leben.
Lebhaftigkeit!

»Hör zu, ich habe es eilig. Ich muss weiter. Ich bin Arkas Nachtfell, der Jäger des Gleißens. Es wurde gestohlen. Ich muss es zurückholen. Kannst du mir sagen, wo es einen Ausgang aus dieser Höhle gibt?«

Die Schlange schwieg und begutachtete mich weiter von oben bis unten.

Ihre Augen fanden meine.

Licht
Erhellt Finsternis.
In deinem Herzen
Leuchtet es immer da
Strahle.

»Ja, das Gleißen ist ein helles Licht. Hast du es gesehen?«

Die Schlange streckte sich in die Höhe und deutete mit dem flachen Kopf zum Loch in der Decke, wo sich mittlerweile ein funkelndes Netz spannte, wie ein Abbild des Sternenhimmels.

Eisperlenspinne
Meisterin Vielbein
Verbindet alles Leben.
Spinnt das Netz Erinnerung.
Ganzheitlich.

Ich sank auf den Boden und zerkratzte das Eis mit meinen Krallen.

Was sollte das? Wollte die Wisperschlange mich für dumm verkaufen?

Die Schlange zumindest schien zufrieden mit ihren Antworten und zog sich mit rasselnden Schuppen wieder auf ihren warmen Felsen zurück.

»He, warte!«, rief ich und betrachtete sie genauer. Mir war eine Idee gekommen. Wenn ich mich fortbewegen könnte wie die Schlange, wäre es mir möglich, mich aus diesem elenden Loch herauszuwinden!

»Zeig mir, wie sich eine Schlange bewegt! Ich muss hier raus, der Ausgang ist aber zu eng!«

Die Schlange blinzelte.

*Weg
Führt hinaus
Durch dich selbst.
Lege deine Haut ab.
Wachse.*

Die Schlange deutete auf das weiße Etwas, auf das ich vorhin getreten war.

Natürlich, Schlangen häuteten sich. Sie streiften ihre Haut ab. Verlangte sie, dass ich dasselbe tat?

»Ich bin ein Bär. Ich bin Arkas Nachtfell. Ich lege meinen Pelz nicht ab!«, brummte ich laut.

Die Schlange zuckte nur mit dem Kopf und rollte sich ein.

Ich stierte sie wütend an.

*Warum bist du hier?
Es ist diese eine Frage,
Die ich an dich habe.
Was machst du bei mir?*

Sie ließ nicht locker, was mich fast in den Wahnsinn trieb.

»Ich bin ein Bär«, brüllte ich in die Eishöhle, und ein paar Eiszapfen fielen von der Decke. Schnee stob auf.

Weil es guttat, brüllte ich erneut.

Die Schlange ließ sich nicht davon beeindrucken. Sie blinzelte nur noch einmal träge und schloss ihre Augen, als erwartete sie von mir keine Antwort.

Mich hatte ein heißer Zorn gepackt, so wie manchmal im Kampf, wenn ich einen Jungspund vertrieb, der sich in meinem Revier breitmachen wollte. Ich schlug mit meinen Pranken in den Schneehaufen und auf die blasse, leere Schlangenhaut. Ich biss in einen Eiszapfen und zersplitterte ihn knirschend. Ich rannte zu dem Spalt am Eingang und rammte dagegen. Presste meinen Kopf hindurch, streckte die Tatzen raus und versuchte, mich aus der Höhle zu befreien.

Vergebens.

Der Abendvogel
im Rosendickicht

Nach meinem Wutausbruch fühlte ich mich leer und elend. Ich rollte mich dicht an den Schlangenfelsen, rieb meine Wunden mit Schnee ab. Ich hatte schon schlimmere Bissverletzungen überstanden, aber ich sehnte mich nach ein paar Happen Nachtkralle. Die Wurzeln würden mir helfen, schneller zu heilen.

»Garstige Wölfe«, grollte ich, was die Wisperschlange dazu veranlasste, leise zischelnd zu sagen:

Wolfspelz
Graue Familie.
Folgen dem Ruf.
Streifen durch den Wald.
Gemeinschaft.

Ich schnaufte nur zur Antwort und blickte zum Spalt, hinter dem das Licht verschwand. Ein Windhauch wehte herein und wirbelte ein paar Flocken hoch.

Wind
Neugierige Macht

Zerzaust unsere Gedanken.
Setzt sie neu zusammen.
Eingebung.

Sie flüsterte die Worte, sodass ich sie nur mit Mühe hören konnte.

Ich knirschte mit den Zähnen.

Die merkwürdigen Gedichte der Wisperschlange klebten mir im Kopf. Genauso wie diese Frage: Warum bist du hier?

Geh durch dich selbst. Wirf deine alte Haut ab. Der Ausgang liegt in dir.

Das ergab alles keinen Sinn.

Ich sah an mir herunter. Auf den Winterspeck, den ich mir angefressen hatte.

Vielleicht würde ich hier rauskommen, wenn ich dünner wäre. Wenn ich mich bewegte und etwas von meinem kostbaren Fett verlor. Ja. Ich musste mir mein Gewicht abhungern. Ich dachte an die Träumerin. Sie hatte mir verraten, wohin sie gehen wollte: zum gefrorenen Meer. Zu dem Ort, der nach Salz roch, im Norden. Dorthin, wo es Bären mit weißem Pelz gab.

»Wintervolk«, brummte ich und legte meinen Kopf auf meine Tatzen, um mich auszuruhen.

Wintervolk
Weißer Pelz
Feiert die Kargheit.
Tiere der stillen Zeit.
Lebensstark.

»Halt die Klappe!«, grollte ich und schloss die Augen.

Es vergingen ein paar Tage, an denen ich von morgens bis abends mit den störrischen Steinen am Eingang rang, die sich nur wenige Krallenlängen bewegten. Ich kratzte an den Eiswänden. Ich beschimpfte die Wisperschlange, die nach wie vor auf ihrem Felsen lag und dichtete und mir diese bohrende Frage stellte.

Ich verbot es mir, lange zu schlafen, denn im Großen Traum brauchte ich kein Essen und kein Trinken. Indem ich den Kopf in den Schnee steckte, hielt ich mich wach.

Während die Tage vergingen, veränderte sich nichts in der Höhle, bis auf das Netz der Eisperlenspinne, das jetzt beinahe die ganze Decke überspannte.

Als sie damit fertig war, begann sie, Fäden nach unten zu spannen, an deren Enden jeweils eine dicke, kugelrunde Eisperle hing. Das schränkte meine Bewegung ein, denn ich hütete mich davor, die dicken Perlen zu berühren.

Jeder, der mit einer Eisperle in Berührung kam, erstarrte und hing irgendeiner sentimentalen Erinnerung nach, die nicht mal die eigene war.

Mit ihren Fäden fing dieses vermaledeite Tier Gedanken von jedem ein, der in ihnen hängen blieb.

So sehr ich mich jedoch mühte, mit den Fäden nicht in Berührung zu kommen, gelang es mir einmal nicht.

Ich war eingeschlafen, trotz meiner Bemühungen, wach zu bleiben. Fuhr aber erschrocken hoch, als mir bewusst wurde, dass ich den Großen Traum hereingelassen hatte. Genau über meinem Kopf hatte die Spinne in der Nacht einen Faden gezogen, und jetzt klirrte die Eisperle gegen meine Stirn, und ich erstarrte wie ein Hase vor der Schlange in grotesker Pose, während Bilder meinen Kopf fluteten.

In einem dichten Rosendickicht saß ein Abendvogel und sang aus voller Kehle. Er hatte sich ein bewundernswertes Nest gebaut. In filigraner Arbeit waren Äste ineinandergeflochten. Blütenblätter bedeckten es, kleine Beeren und Steinchen waren um den Vogel drapiert. Er steckte den Kopf hinaus und trällerte ein Lied und lud zu sich nach Hause ein. Niemand kam zum Abendvogel. Feuerglanz lag über dem Wald. Der Hain war verlassen. Die anderen Tiere waren geflohen. Nur der Abendvogel rief weiter nach Gästen, um ihnen sein schönes Heim zu zeigen. Dicke Rauchschwaden wallten zwischen den Rosen auf.

Dann war es vorbei.

Ich blinzelte, während ich ein rauchiges Kratzen im Hals fühlte und das Feuer schon fast im Pelz gespürt hatte.

»Was für ein törichter Vogel. Warum ist er nicht weggeflogen?«, fragte ich in die Höhle hinein. Die Wisperschlange blinzelte träge zu mir herüber, legte den Kopf schief und ließ ihre gespaltene Zunge über die schuppigen Lippen flattern.

Wer im schönsten Neste sitzt,
Der aus hartem Holz geschnitzt.
Wer die Schönheit küsst im Flug,
Dem ist ein Federkleid genug.

Ich runzelte die Stirn, als ich versuchte, die Bedeutung dieser Worte zu entschlüsseln, doch das Rätsel blieb für mich unlösbar.

Auch diesem Vogel würd ich raten,
Lege deine Häute nieder.
Sei geschwind, sollst nicht warten,
Wachse, lebe, immer wieder.

»Auch Vögel können ihre Haut nicht abstreifen!«, knurrte ich und sah zum Felsen hinauf. Doch die Schlange schien nichts weiter dazu zu sagen zu haben.

Nachdem ich einige sinnlose Runden um den Felsen gedreht hatte, legte auch ich mich wieder nieder.

Ich dachte an einen längst vergangenen Sommer zurück, als über dem Uralten Gehölz der Feuerglanz lag.

Ich war schon ein Wächter und saß trotzig im Eingang der Wurzelhöhle. Die anderen Bären hatten das Tal verlassen und waren weitergezogen. Ich hatte beschlossen, dort zu bleiben. Die andern hatten mich bedrängt, es einfach mitzunehmen, doch das Gleißen war schon immer in dieser Höhle gewesen und war nie weit davon erstrahlt. In mir tobte die Angst, dass es verlöschen konnte, wenn ich es aus der Wurzelhöhle mitnahm.

Ein Schauer lief mir über den Rücken. Heute wusste ich, dass es nicht verloschen wäre. Mika hatte damit die Wölfe vertrieben.

Damals wäre ich beinahe gestorben, als die Flammen die Felsen hinaufleckten. Nur dem Wind, der gedreht hatte, war es zu verdanken, dass ich nicht mit dem Gleißen verbrannt war.

Mein Herz pochte schneller. Eventuell wollte der Vogel nicht fliehen wegen der Schätze in seinem Nest. Vielleicht weil er schon immer in diesem Rosenbusch brütete und nichts anderes kannte.

Vielleicht war das Häuten der Schlange nicht wortwörtlich gemeint. Möglicherweise ging es darum, Altes loszulassen, um fliehen zu können oder weiterzugehen.

Ich schloss die Augen und stellte mir vor, wie ich damals mit dem Gleißen um den Hals fortgegangen wäre. Ob ich heute schon ein anderer wäre? Wohin hätte mich dieser Weg geführt? Meine Gedanken kreisten wild umher, und den Kopf voller Fragen rutschte ich wieder in den Großen Traum.

Die Sonne zog ihre Kreise vor der Höhle. Jeden Morgen probierte ich hinauszukommen, doch es sollte lange dauern, bis mir das gelang. In meiner Brust war es kalt geworden, wenn ich an das verschwundene Gleißen dachte.

Mika einzuholen, war unmöglich geworden. Ihre Spur war längst verweht. Trotzdem wollte ich weiter zum Meer.

Nach einiger Zeit merkte ich, wie es mir immer schwerer fiel, wach zu bleiben. Ich verspürte ein großes Verlangen, mich dem Großen Traum hinzugeben, doch ich blieb tapfer.

Und so kam es, dass ich eines Morgens nicht nur meinen Kopf durch die Öffnung stecken konnte, sondern auch die Schultern.

Mit viel Drücken gelang es mir endlich, mich aus der Eishöhle zu befreien! Ich purzelte in den verschneiten Morgen hinaus wie in eine neue Welt. Ein dichter Tannenwald erstreckte sich vor mir. Über mir wölbte sich der Himmel in einem klaren Blau. Ich warf nur einen flüchtigen Blick zurück zu dem Felsspalt, aus dem ich gekrochen war.

Ich fühlte mich merkwürdig. Als hätte ich wirklich einen Teil von mir dort drinnen zurückgelassen, auch wenn ich nicht benennen konnte, welcher es war.

Ich machte ein paar Schritte und spürte, dass meine Beine zittrig waren. Ich setzte mich und sah an mir herunter. Mein Winterspeck. Ich hatte so viel abgenommen, dass ich keine Winterruhe halten konnte, ohne dabei zu sterben.

Ich schluckte, fuhr mit der Tatze über die vernarbten Stellen, wo die Vielmäuler mich erwischt hatten.

»Womit habe ich das verdient?«, grummelte ich und setzte mich in Bewegung.

Jetzt musste ich Nahrung finden, obwohl ich am liebsten schnurstracks und ohne Pause der Träumerin hinterhergelaufen wäre. Doch ... Ich hielt inne.

»Moment mal!«, grunzte ich und streckte die Nase in die Luft. Die Witterung kannte ich doch!

Aufgeregt ließ ich den Blick schweifen. Da! Ein Tatzenabdruck! Ich stürmte darauf zu. Er stammte eindeutig von einer kleinen Bärin mit langen Krallen. Mika Mondbärin.

Die Spur war nur einen Tag alt. Wie konnte das sein? Hatte sie länger durch die Höhlen gebraucht als ich? Das musste es sein. Vielleicht war sie im Labyrinth herumgeirrt, während ich hungerte und mich mit der Wisperschlange stritt. Neue Hoffnung ergriff mich. Schnell!

Ich begann zu laufen.

Die Spur
im Schnee

Bis zum Einbruch der Nacht hatte ich die Diebin nicht eingeholt. Es waren Wolken aufgezogen, und ich hatte Angst, die Spur in der Finsternis erneut zu verlieren oder etwas zu übersehen. Daher ging ich nur langsam und machte viele Pausen. Jedes Mal jedoch, wenn ich anhielt, knurrte mein Magen unerträglich, und mein Verstand wurde von Erinnerungen an den fetten Sommer geflutet. Ich dachte daran, wie ich damals einen Apfelbaum gefunden und geplündert hatte und an die köstlichen Heidelbeeren, die überall wuchsen.

Ich dachte auch an all die Kaninchen, die ich aus den Gängen gebuddelt hatte. An die frische Rinde der jungen Bäume, an Pilze und Flechten. Hoffnungsvoll ließ ich den Blick schweifen, doch natürlich lagen die Kaninchenbaue jetzt unter dem Schnee verborgen. Unschlüssig blieb ich stehen. Es war unklug, jetzt noch weiterzugehen. Ich rollte mich in eine Kuhle im Schnee. Nachtvögel krächzten in den Tannen. Meine Gedanken kreisten um das Uralte Gehölz und die Wurzelhöhle. Um den Lederbeutel und die anderen Wächter, die friedlich in ihren Traumnestern lagen, und ich dachte an den Abendvogel und sein Nest im Feuerglanz.

Als der Morgen blass durch das Gewirr an Baumstämmen kroch und die Luft harzig roch, schreckte ich aus einem dämmrigen Schlummer und marschierte sofort weiter der Spur hinterher.

Ab und zu blieb ich stehen und überprüfte die Baumstämme. Das war das Revier von fremden Bären. Ich sah ihre Markierungen im Holz. Auch wenn diese alt waren, würden die Bären oben in den Berghängen liegen und schlafen.

Hauptsache, sie blieben mir alle fern und wachten nicht auf. Jeder unnötige Kampf würde mich Energie kosten.

Missmutig stapfte ich weiter. Der Wald wurde so dicht, dass ich mich hindurchkämpfen musste. Die Lücken in Büschen und kahlen Sträuchern, die Mika mühelos passiert haben musste, waren ein Hindernis für mich. Immer wieder blieb mein Fell an Dornensträuchern hängen. Holzsplitter hatten sich in eine meiner Tatzen gebohrt. Die Diebin blieb außer Sichtweite. Irgendwann war es mir egal, ob ich andere Bären anlockte. Ich brüllte vor Hunger und Zweifel in den Wald hinein und trat und schlug mir den Weg frei.

Am dritten Tag meiner Verfolgung im fremden Wald entdeckte ich schließlich etwas Merkwürdiges.

Neben einem Tatzenabdruck von Mika lag ein Zirbelzapfen.

Ich verschlang ihn so hastig, dass ich ihn einen Augenblick später nur für eine Einbildung hielt, doch als ich weiterstapfte, sah ich schon wieder etwas im Schnee! Ein zweiter Zapfen!

Schnell! Da vorne sah ich noch einen. Wie eine Spur lagen die Leckerbissen aus. Ich folgte ihr hastig. Sie führten mich zu einer aufgewühlten Stelle im Boden.

Konnte das sein? Das Winterlager irgendeines Vogels oder Eichhörnchens war dort freigelegt. Zirbelzapfen, vertrocknete Beeren und andere Köstlichkeiten!

Ich verschlang alles mit zwei Bissen und fragte mich erst dann, warum die Bärin das Lager nicht selbst geplündert hatte. Ich sah doch deutlich ihre Spuren.

Warum sollte sie dieses Lager ausbuddeln und seine Schätze nicht selbst fressen?

Nachdenklich trottete ich weiter, fand bald darauf eine neue Spur, die mich wieder zu einem geheimen Vorrat brachte.

Bald wurden meine Schritte kraftvoller, und ich fühlte mich besser. Bis zum Abend hatte ich ein Dutzend solcher Verstecke geplündert.

Die Stimme aus den Bäumen

Als es dunkel wurde, ging der Mond silbern am Himmel auf und tauchte den Wald in ein angenehmes Licht.

Ein paar Schneeflocken schwebten um mich herum.

Ich stapfte durch den stillen Wald, und bald darauf hörte ich wieder ein Summen. Es war die Melodie, die ich schon im Labyrinth gehört hatte.

Die Diebin war dicht vor mir.

»Was für eine herrliche Nacht«, rief Mika. Ihre Stimme war leise, und doch hörte ich jedes Wort, als würde sie neben mir stehen.

»Der Mondscheinschimmer macht mich immer geschwätzig. Sein Licht ist so köstlich und süß. Es kribbelt mir im Fell.«

Ich grollte, als ich an das Gleißen dachte. *Sein* Licht war köstlich und süß. Der Mond verblasste dagegen deutlich.

»Wo steckst du?«, knurrte ich, kniff die Augen zusammen und spähte durch die mit Schnee besprenkelten Baumstämme.

»Nicht weit von dir. Ich bewundere gerade etwas Schattenschnee.«

»Was für einen Schattenschnee?«, fragte ich und sah mich lauernd um. Vielleicht konnte ich sie dazu bringen, sich zu verraten.

»Ich nenne ihn so. Ich habe viele Wörter für Schnee erfunden. Er ist überall unterschiedlich. Ist das nicht wunderbar? Ich hatte schon Kratzschnee, der im Fell juckt, warmen Abendschnee, Glanzschnee, auf dem ein Eispanzer wuchs, Grieselschnee und Neuschnee. Hast du noch anderen Schnee entdeckt?«

»Nein«, knurrte ich und verschwieg ihr damit, dass ich in der Eishöhle mich stundenlang damit beschäftigt hatte, Eis und Schnee anzusehen und Worte zu suchen, die mich von den Warum-Fragen der Wisperschlange ablenkte. Pappschnee, Altschnee, Hagelschnee, Schnittschnee.

»Mir gefällt er so sehr. Dort, wo ich normalerweise lebe, wäre er allerdings unpraktisch. Wie sollte man sonst an Termitenhügel kommen, wenn eine weiße Schicht obendrauf liegt? Ah, wie gerne würde ich jetzt ein paar Schnauzenvoll Ameisen nehmen.«

»Ameisen?«, fragte ich in die Dunkelheit des Waldes.

»Welcher anständige Bär frisst denn Ameisen?«

»Jeder Mondbär tut das. Es ist herrlich, wenn sie auf der Zunge kribbeln. Ab und zu eine reife Jackfrucht dazu und vielleicht noch ein paar Kapernfrüchte.«

Ich hörte sie schnaufend schmatzen, als sie an ihre Leibspeisen dachte.

»Ich kenne keine Jackfrucht oder Kapernfrüchte, und ich würde bestimmt keine Ameisen fressen!«

Mika kicherte.

»Ich stell mir gerade vor, wie es wäre, wenn zu Hause in der Nacht Schnee fallen würde. Die Tiger würden dumm gucken. Oder die Pfaue! Und die Mangusten müssten darin tauchen wie Fische im Wasser.«

»Was sind Pfaue?«, fragte ich und pflügte durch eine Schneewehe auf die Stimme zu.

Wo steckte die Mondbärin nur?

Ich konnte ihre Spuren nicht mehr ausmachen. Ich folgte nur ihrer Stimme, die durch die Bäume wehte.

»Große wunderschöne himmelblaue Vögel, die tausend Augen haben. Und sie tragen kleine Kronen auf ihren Köpfen.«

Ich verpasste einer Fichte einen Prankenhieb, während ich mich umsah. Saß Mika in der Baumkrone?

»Ich glaube, die Hutaffen hätten Spaß im Schnee«, plapperte die Diebin weiter.

»Eine ganze Bande wohnte in den Ruinen nicht weit entfernt von meinem Lieblingsfelsen. Sie machten immer viel Lärm und flitzten durch die Bäume. Sie können klettern, musst du wissen.«

Ich grunzte und musste an Eichhörnchen denken.

»Interessant finde ich auch die Farbe der Felsen. Zu Hause sind sie rötlich und eher rund geschliffen. Hier ist alles grau und scharfkantig.«

Ich sah etwas aufleuchten. Vielleicht das Gleißen? Sah sie es sich an?

Ich raste los, stob durch den Schnee, der zur Seite wegspritzte. Doch als ich zwischen den Bäumen stoppte, war nichts von der schwarzen Bärin zu sehen. Brummend ging ich noch ein paar Schritte.

Der Wald lichtete sich vor mir. Über einer sanften Ebene wölbte sich der Sternenhimmel tiefschwarz, und der Mond prangte voll und rund am Himmel.

»Hinter der Ebene, wo das Land wieder ansteigt, liegt der Grollende Wald, wie mir ein Rabe erzählt hat.«

Ich wirbelte herum. Die Stimme klang, als wäre sie direkt hinter mir, doch da war nichts.

Wo steckte sie?

Ich richtete mich auf den Hinterbeinen auf und streckte die Nase in die Luft.

Ich lauschte angestrengt, doch sie sagte jetzt nichts mehr.

Missmutig stapfte ich zurück unter die Tannen und starrte an den Stämmen hoch in die nachtbedeckten Zweige. Aber das dunkle Fell der Mondbärin schien damit zu verschmelzen, und so blieb mir nichts anderes übrig, als auszuharren und zu lauschen.

Der Grollende Wald

Als der Mond verschwand und der Sonne den Weg freimachte, fand ich wieder Spuren im Schnee. Mika bekam ich trotzdem nach wie vor nicht zu sehen.

Ich eilte, so schnell ich konnte, über die Ebene und stieß auf niemanden außer ein paar Raben, die in dieselbe Richtung flogen, in die ich lief.

Ich brauchte zwei Tage, um die Ebene zu durchqueren. Die Mondbärin blieb ein Schemen, den ich ab und zu aufblitzen sah. Das Wetter war wankelmütig. Es gab sonnendurchflutete Momente genauso wie tiefe Wolken, die noch mehr Schnee brachten, und eines Nachmittags kroch Kreischfrost über die Ebene und zwang mich zu einer Pause.

Zusammengekauert harrte ich hinter einer Schneewehe aus und überlegte, ob ich es wagen konnte, trotz des stechenden und kreischenden Frostwindes weiterzulaufen, um den Vorsprung der Mondbärin zu schmälern.

Doch der Frost biss mich so stark in das Fell, dass meine alten Narben wieder aufrissen und ich eine Spur aus Blutstropfen hinter mir ließ.

Es gelang mir nicht, die Mondbärin einzuholen, bis die Landschaft sich veränderte. Ein neuer Wald tauchte vor mir auf. Der Grollende Wald, so hatte Mika ihn in der Nacht genannt.

Der Wald lag genau in der Schneise eines weiten Tals. Im Sommer mochte in der Senke ein Fluss strömen, doch jetzt war es so kalt, dass er zugefroren war und darüber eine Schneeschicht lag. Kahle Bäume säumten den Hang am Fuße.

Ich entdeckte die Spur eines Fuchses, die den Weg kreuzte.

Ich musste nicht lange schauen, da sah ich ihn am Schneehang entlangtapsen. Sein Feuerfell wirkte wie von Asche durchsetzt.

»He, Fuchs«, rief ich laut. »Komm her, ich will dich was fragen!«

Der Rotpelz hob den Kopf, und seine Nase zitterte. Einen Augenblick dachte ich, er würde vor mir davonlaufen, als sich unsere Blicke trafen. Doch dann raste er auf mich zu, machte weite Sprünge durch den bläulichen Schnee und hielt direkt vor mir. Schwungvoll tippte er mir mit seiner schwarzen Pfote gegen das Bein. Für diese Frechheit spannte ich mich an, um ihm gehörig in die Ohren zu brüllen. Doch noch während sich meine Lungen mit Luft füllten, richtete der Rotpelz sich zu seiner vollen Länge auf und legte mir eine seiner Pfoten auf die Schnauze. Ich war so perplex, dass mir das Brüllen im Halse stecken blieb.

»Still«, zischte der Fuchs und sah mich eindringlich an. Er hatte gelb leuchtende Augen, die geheimnisvoll schimmerten.

»Hast du eine schwarze Bärin gesehen? Sie trägt etwas bei sich«, fragte ich, richtete mein Nackenfell auf, machte mich groß und kratzte mit meinen Krallen durch die harte obere Schicht des Schnees. Doch der Fuchs schien todesmutig zu sein.

Er tapste mir erneut auf die Schnauze und zischte wie die Wisperschlange.

Dann flüsterte er mir etwas zu, und seine Stimme war dabei so leise, dass ich ihn nicht verstand.

»Sag das noch mal«, knurrte ich und erntete direkt wieder einen Stupser auf die Schnauze.

Der Fuchs machte eine winkende Bewegung zu sich herunter. Meine Muskeln bebten. Ich senkte meinen Kopf dichter an den Boden, und der Fuchs streckte mir beinahe seine Schnauze ins Ohr.

»Sei leise. Das hier ist der Grollende Wald. Nur ein lautes Geräusch, und sie wird dich bestrafen!«

»Sie wird mich bestrafen?«, fragte ich.

»Sie kann dich auch hier schon hören. Die Lawinenmaus!«

Lawinenmaus
Kleine Macht
Lehrt uns Demut.
Schickt Donner und Tod.
Machtvoll.

Ich hörte die Wisperschlange zischeln, obwohl sie mittlerweile etliche Tagesreisen weit weg in ihrer Höhle lag. Hatte sie mir dieses Gedicht ins Ohr geflüstert, als ich schlief?

»Ich versteh das nicht!«, knurrte ich und sah mich um. »Ich habe keine Angst vor einer Maus.«

»Sie ist keine gewöhnliche Maus«, hauchte der Fuchs in mein Ohr. »Das ist ein großer Unterschied.«

Seine Stimme war noch leiser, und instinktiv kniff ich die Augen zu, um ihn besser zu hören.

Sofort sah ich Bilder vor meinem inneren Auge, als der Fuchs weitersprach.

»Die Lawinenmaus wohnt oben in diesen Hängen des Grollenden Waldes. Sie hat die feinsten Ohren, die ein Tier haben kann, sag ich dir. Sie sitzt dort oben und geht ihrem Leben nach. Sobald sie aber nur einen Mucks hört, trampelt sie mit ihren kräftigen Hinterbeinen auf die Schneedecke. Und die kleinen Biester wissen genau, wo sie klopfen müssen, um eine Lawine auszulösen.« Die Stimme des Fuchses wurde rau und süß wie Honig.

»Eine Lawine ist eine Welle aus tobendem, beißendem Schnee, die von den Hängen runterstürzt. Sie ist so mächtig, dass sie Baumstämme ausreißt, Felsblöcke anstößt und jedes atmende Wesen in einer Masse aus Weiß unter sich begräbt!«

Ich schluckte. Während der Fuchs in mein Ohr sprach, konnte ich alles, was er erzählte, ganz genau vor mir sehen.

Die kleine unschuldig wirkende Maus, die oben an den Hängen durch ihre Gänge huschte und immer wieder anhielt. Mit lauschenden Ohren, die Hinterbeine angespannt.

Ich sah auch die wogende, weiße, donnernde Masse aus Schnee die Hänge herunterrutschen und mir wurde sofort kalt, als würde mich der Schnee umschließen. Keuchend riss ich die Augen auf.

Das Gesicht des Fuchses war ganz dicht vor mir, und ich konnte sein schelmisches Grinsen sehen.

»Ich bin der Jäger der kleinen Lawinenmaus. Sie ist gefährlich, weil sie jeden Mucks hört, und ich bin gefährlich, weil ich vollkommen lautlos hinaufschleichen kann. Jäger und gejagt werden. Das ist ein riskanter Beruf, gerade hier.«

Der Fuchs war so dicht, dass ich sein Fell riechen konnte.

»Also, Fremder, wenn du weiterziehst, der Bärin hinter ...«

»Du hast sie gesehen?«, knurrte ich, und der Fuchs schlug mir seine Pfote auf die Schnauze.

»Pst!«

»Du hast sie gesehen?«, fragte ich leiser und zitterte schon wieder. Diese freche kleine Ratte!

»Ja, sie ist den Weg durch den Wald vorbildlich leise gegangen. Von ihr hörte man keinen Mucks.«

»Welche Richtung hat sie genommen?«

»Immer mittendurch, der Nase lang. Aber ich muss weiter, ich will die kleine Mächtige fangen und mir zum Frühstück genehmigen.«

Er stupste mir seine feuchte Nase in das Ohr.

»Konnte nicht widerstehen!«, lachte er und sprang davon, bevor ich die Pranke gehoben hatte.

»Hey!«, brüllte ich, doch der Wald um mich herum antwortete augenblicklich mit einem tiefen Grollen. Nur wenige Meter von mir entfernt begann der Schnee zu rutschen und riss mit einem furchtbaren Krachen eine Tanne um.

Der ganze Boden bebte unter meinen Tatzen.

Lawinenmaus
Kleine Macht
Lehrt uns Demut.
Schickt Donner und Tod.
Machtvoll.

Ich schnaufte angespannt, während ich dem Rotfuchs nachsah, der leise wie der Wind die Hänge hinaufsprang.

Ich marschierte los, hinein in den Grollenden Wald, und war bedacht, keinen Laut von mir zu geben, was schwierig war.

Umgestürzte Baumstämme säumten den Pfad in der Senke. Sie waren nass und glatt, und ich musste aufpassen, nicht zu fluchen, wenn ich abrutschte.

Ab und zu sah ich Spuren auf den Stämmen, die von der Mondbärin stammen mussten.

Abgeknickte Äste, Tatzenabdrücke, wo sie sich festgehalten hatte. Ich war nach wie vor auf der richtigen Spur.

Hin und wieder entdeckte ich andere Tiere, die durch den Wald wanderten.

Ich sah eine Elchkuh vor mir ziehen, und mir lief das Wasser im Mund zusammen. Doch ich konnte sie nicht jagen. Dazu war ich zu ausgezehrt, und außerdem machte das Laufen zu viel Lärm. Jedes Mal, wenn ich zu einem Spurt ansetzte, grollte es rings um mich herum, und die Bäume zitterten.

Die seltsamen Gedichte der Wisperschlange schwirrten ständig durch meinen Kopf und quälten mich wie die Mücken im Sommer. *Warum bist du hier? Was hat dich in den Grollenden Wald verschlagen?*

Ab und zu blieb ich stehen und lauschte nach dem Summen oder den Geschichten der Mondbärin, doch Mika bewegte sich lautlos vorwärts so wie jedes andere Lebewesen in diesem Wald.

Am zweiten Tag gabelte sich der Weg. Vor mir ragte ein Hügel auf, links und rechts führten Schneisen durch das Tal.

Ich konnte keine Bärenspuren entdecken und auch keinen Schimmer vom Gleißen. Der Schnee lag glatt und unschuldig aufgetürmt auf beiden Pfaden. Gerade so, als wäre vor Kurzem eine Lawine heruntergekommen und hätte alle Spuren verwischt.

Unschlüssig stand ich dort und starrte vor mich hin. Mir war nach Brüllen zumute. Es hing mir kratzig in der Kehle. Ich musste unbedingt schreien und etwas mit meinen Pranken bearbeiten. Wo war sie langgegangen?

Unschlüssig trat ich von einer Tatze auf die andere, wiegte den Kopf hin und her.

Eine Windböe strich mir sanft durch das Fell. Sie war ungewöhnlich warm und brachte die Zweige eines Baumes zu meiner Rechten zum Erzittern.

Da ich nicht ewig hier herumstehen konnte, folgte ich dem Wind in den rechten Pfad hinein und kam bald gut voran, denn hier lagen nicht so viele umgeknickte Bäume im Weg.

Die alten Geschichten meiner Mutter kamen mir in den Sinn. Sie hatte oft vom Wind gesprochen.

Wind
Neugierige Macht
Zerzaust unsere Gedanken.
Setzt sie neu zusammen.
Eingebung.

Die Worte der Wisperschlange zischelten in mein Ohr.

Ich schüttelte mich, um sie loszuwerden.

Meine Mutter hatte immer ein Lied gesungen – das Lied vom Wind. Ich hatte die Melodie im Kopf, den Text jedoch vergessen.

Leise stapfte ich tiefer in den Wald.

Ab und zu hörte ich es in der Ferne grollen, als würde ein Gewitter aufziehen.

Wie lange war ich schon unterwegs?

Wie lange trug die Mondbärin das Gleißen vor meiner Nase her?

Ich blieb stehen und blickte zurück. Das vertraute Uralte Gehölz, das Tal der Bären, schien unendlich weit entfernt zu sein, wie in einem anderen Leben.

Weiter, vorbei an krummen Eichen, Eschen und Buchen. Da, wieder eine Spur! Das musste die Mondbärin sein. Ich hatte mich richtig entschieden.

Ich ließ den Blick über die bizarren Schneeskulpturen schweifen, die um mich herum in die Höhe gewachsen waren.

Manche der Schneewehen machten mich nervös, weil sie aus dem Augenwinkel wie Waldtiere aussahen. Ich sah Bären am Wegrand stehen und in meine Richtung schauen, die sich aber beim genauen Hinsehen als eingeschneite Tannen oder Felsen entpuppten. Hinter einer Biegung erspähte ich sogar ein ganzes Wolfsrudel aus Schnee. Im ersten Moment entfuhr mir ein Grollen, weil ich den dummen Gedanken hatte, dass es ausgerechnet Mascha und ihre Brut war, die dort auf mich lauerten.

Ein Schneebrett rutschte vom Hang herunter.

Ich musste mich durch den lockeren Schnee schaufeln, um weiterzukommen.

Als ich über den Schneehügel hinweg war, war der Abend schon hereingebrochen. Der Mond nahm langsam ab und spendete nur spärliches Licht, das fleckenweise durch die Äste des Waldes schien.

Ich huschte von Flecken zu Flecken, wobei ich den Blick immer schweifen ließ. Neben mir spielte der Wind mit den Blättern, ließ sie flirren und wirbelte vereinzelte Schneeflocken auf, als tanzten Schneefeen zwischen den Bäumen.

Ich fand im Mondlicht einen beinahe schneefreien Platz unter einem Baum, dessen Äste sich so weit auf den Boden gebeugt hatten, dass eine kleine Höhle unter ihnen entstanden war.

Da Müdigkeit an meinen Knochen zerrte und meine Gedanken nur träge dahindümpelten, kroch ich hinein, rollte mich zusammen und legte den Kopf auf meine Tatze.

Von meiner Position konnte ich auf einen umgestürzten Baum blicken, der sich bogenförmig über einen Felsen spannte.

Mit müden Augen betrachtete ich, wie eine Eule ihre Kreise zog und nun auf dem Baumstamm landete.

Ihre Federn glänzten im spärlichen Licht und schimmerten kupferfarben.

Jetzt drehte die Eule ihren Kopf und sah mich an.

Unsere Blicke begegneten sich, und ich stutzte.

Die Kupfereule sah aus wie der Vogel, mit dem ich mich vor ewiger Zeit um ein erlegtes Kaninchen gestritten hatte. Damals, kurz bevor Moduur über das Land zog.

Ja! Hatte sie mich nicht einen fetten Schreihals genannt? Hatte ich nicht dafür gesorgt, dass sie ein paar Federn verlor, die meine Winterhöhle schmückten?

Aber das war doch unmöglich, denn ich war so weit vom Uralten Gehölz entfernt.

Die Eule blinzelte und klackerte mit dem Schnabel.

Das Geräusch erklang ungewöhnlich laut in der Stille des Waldes.

Ihr Blick hielt mich fest. Sie legte den Kopf schräg. Sah mich fest an und stieß dann einen Schrei aus, der den Berghang zum Beben brachte.

Bevor ich auch nur aufspringen konnte, donnerte eine Lawine vom Hang auf mich herunter.

Um mich herum war alles weiß.

Von allen Seiten drückte Schnee auf mich ein. Wollte in meine Lungen, in meine Ohren, in meine Schnauze.

Verzweifelt paddelte ich mit den Tatzen.

Dieser verdammte Vogel! Es *musste* die Eule sein, deren Federn ich geraubt hatte!

Der Schnee um mich herum rutschte auseinander, während ich mich mit aller Kraft herausbuddelte.

Es war wie nach dem Sturm, als ich mich endlich befreit hatte. Die Welt sah anders aus. Die Spur, der ich vorher gefolgt war, war verschwunden.

Die Lawine hatte sich zu einem wilden See aus weißen Wogen um mich aufgetürmt. Der Himmel, den ich jetzt gut sehen konnte, weil ein paar Bäume nicht mehr dort standen, wo sie vorher waren, ließ genug Licht zu mir.

Mein Kopf dröhnte, weil mir die Luft ausgegangen war. Im Mondlicht angekommen, ließ ich mich fallen wie ein nasser Sack und konnte nichts anderes tun, als meinem Herzen zu lauschen, das irgendwo in den Tiefen meiner Brust trommelte.

Nach einigen Atemzügen wollte ich weiter, doch sobald ich mich bewegte, sank ich wieder ein.

Ich war zu schwer. Bei jedem Schritt vorwärts rutschte ich

zurück! Und das Schlimmste war, dass der Hang erneut beben würde, wenn ich mich hastig bewegte oder laut schnaufte.

Nach einigen Versuchen starrte ich vor mir hin. Bis zur Brust war ich eingesunken. Ein paar blasse Sterne tauchten am Nachthimmel auf. Es wäre so leicht, jetzt aufzuhören. Das Gleißen zu vergessen. Einfach auszuharren, bis der Frühling kam. Ich fühlte mich wie ausgelöscht, und auch der Mond, der sich jetzt an den Himmel stahl, konnte es nicht ändern.

Ich weiß nicht, wie lange ich schweigend in den sternenbesprenkelten Himmel starrte, doch irgendwann sah ich einen Schatten aus dem Augenwinkel.

Als ich den Kopf drehte, erblickte ich Mika Mondbärin. Vorsichtig und lautlos wie der Flügelschlag der Eule, die mir das eingebrockt hatte, tapste sie zu mir herüber. Sie schien einfach über den Schnee zu schweben.

Vor mir stoppte sie. Eine leichte Windböe bauschte ihr zotteliges Fell auf. Der goldene Streifen auf ihrer Brust schimmerte wie der Mond hinter ihr am Himmel.

Ich wollte etwas sagen. Sie anbrüllen, mir das Gleißen schnappen, irgendetwas tun, doch sobald auch nur ein kleines Knurren aus meiner Kehle kam, bebte der ganze Wald um uns herum.

Mika war so dicht bei mir, dass sie mein Fell berührte.

Mit ihren langen Krallen zupfte sie dicke Eis- und Schneebrocken aus meinem Fell, tastete und schnüffelte um mich herum.

Ich atmete schwer. Es war zum Verrücktwerden. Ich musste stillhalten.

Jetzt hatte Mika mich einmal umrundet und setzte sich vor mir in den Schnee. Eine Tatze legte sie auf den Lederbeutel. Unsere Blicke trafen sich.

Sie wollte mir helfen und mich aus den Schneemassen befreien, in denen ich feststeckte. Das konnte ich in ihrem Blick lesen.

Doch wie wollte sie das anstellen? Ich konnte mir keine Flügel wachsen lassen und durfte auch nicht weiter an Gewicht verlieren, um leichter zu werden.

Mika wiegte langsam den zottigen Kopf. Dann löste sie vorsichtig die Schnur am Beutel.

Begierig blickte ich zum Gleißen.

Ein goldener Schimmer breitete sich aus. Der Schatz der Bären tauchte den weißen Schnee in goldenes Licht.

Sofort flutete Wärme meinen Kopf.

Warme Lichtworte kletterten in meine Ohren und erzählten mir eine Geschichte vom Frühlingsleuchten. Vom Sommerregen bei Sonnenschein und den Farben, die der Regen malte. Von aufgeheizten Bärenfelsen im Hochsommer, vom Morgenlicht, das über Moos und Heidekraut rann.

Mir wurde immer wärmer und auch immer leichter ums Herz. Das Gleißen floss in meine Augen. Ich spürte es deutlich. Diese wunderbare Wärme. Ich wollte im Gleißen versinken, es in den Tatzen halten.

Ich machte ein paar Bewegungen. Schaffte es, meine Tatzen zu heben und mich vorwärtszuziehen.

Noch ein Stück und noch eines!

Plötzlich stand ich auf dem Schnee. Aufrecht. Verzaubert. Und ich ging nicht unter, obwohl mein Herz mit Sehnsucht gefüllt war bis an den Rand.

Flink ließ Mika das Gleißen wieder in den Beutel sinken, ging auf alle viere und wanderte los.

Halt!, dachte ich und folgte ihr auf unsicheren Tatzen.

Ich folgte der Bärin, die nur ein paar Meter vor mir lief.

Mühte mich, mit ihr Schritt zu halten. War fast gleichauf mit ihr. Trotzdem wagte ich es nicht, mich nach dem Gleißen zu strecken, denn der Boden bebte leicht, die Bäume zitterten.

Ich sollte vorsichtiger sein.

Wir mussten den Grollenden Wald endlich hinter uns lassen!

Schweigend wanderten wir nebeneinander her.

Mika sah mich ab und zu an. Ihr Blick war freundlich, und sie nickte mir zu.

Der Mond wanderte über den Himmel, und es wurde dunkler, doch das Leuchten des Gleißens erhellte nicht nur mein Herz, sondern auch das von Mika. Ich konnte es kaum glauben, aber wir liefen jetzt Schulter an Schulter durch die Hänge.

Sollte sie das Gleißen doch tragen, bis wir aus dem Wald waren. Dann würde ich es mir holen, dachte ich entschlossen.

Und das war das Letzte, was ich für lange Zeit dachte, da etwas Merkwürdiges passierte.

Wir wanderten so lange, dass meine Gedanken einfach hinter mir zurückblieben, als würden sie nicht Schritt halten können. Sie blieben einfach irgendwo zwischen den Sträuchern hängen, in den Dornengestrüppen oder an Baumstämmen. Ich sah mich nicht nach ihnen um.

Die Geschichten
im Wind

Der Morgen floss über das Land und tauchte den Wald in blasse Farben.

Mika neben mir schnaufte leise vor sich hin. Sie hatte es eilig.

Der Wald veränderte sich, wurde mal lichter, dann wieder dichter. Das Einzige, was blieb, war der ewige Schnee und die Kälte. Mika führte uns immer weiter Richtung Norden. Zum gefrorenen Meer.

Wir passierten einen Fluss und zwei Seen. Hier und da fand Mika mit absoluter Treffsicherheit die Verstecke anderer Tiere unter dem Schnee und buddelte sie für uns flink und lautlos mit ihren langen Krallen aus.

Es gab getrocknete Beeren, Flechten, Zirbelzapfen, Nüsse – nichts, was einen hungrigen Bärenmagen stopfte, aber genug, um unsere Wanderung fortzusetzen.

Es war merkwürdig, dass ich mich von der Wurzelhöhle immer weiter entfernte und nichts dagegen machen konnte. Als wäre ich auf einer Schnur aufgefädelt wie die Perle einer Eisperlenspinne.

Die Stille im Grollenden Wald, die mich am Anfang so bedrückt hatte, begann mir zu gefallen. Die Veränderung kam langsam, so wie der Frühling sich manchmal anschlich, wenn der Winter noch sichtbar über das Land fegte, aber die Luft wärmer wurde und die Vögel wieder zu singen begannen. Sobald ich das bemerkte, war die Stille gar nicht mehr tonlos, sondern erfüllt von einer flüsternden Stimme.

Sie erzählte mir Geschichten, ebenso wie der Wind, der uns wie ein treuer Freund begleitete. Manchmal hatte ich das Gefühl, dass sie aus mir selbst aufstiegen. Manchmal schienen die Geschichten schon seit ewiger Zeit in die Natur geschrieben zu sein.

Ich hörte die Geschichte, wie ich meinen ersten Hasen fing. Wie ich mit meiner Mutter zum ersten Mal in den See stieg und auf ihrem Rücken hinübergetragen wurde. Um mich tanzte das schwarze Wasser, und unter mir atmete meine Mutter beruhigend und stoisch. Geschichten, in denen ich um mein erstes Revier kämpfte. Mein Fell trug viele Narben solcher Auseinandersetzungen. Oft war ich siegreich daraus hervorgegangen. Vor allem, seitdem ich die Nachtkralle gefunden und gekostet hatte.

Andere Geschichten rollten durch mich hindurch und wühlten mich auf, mit gierigen kleinen Zähnen.

Der Tag, als mein Bruder starb. Die Zeit, als er wie ein Gerippe aussah und sich den Berghang hinaufschleppte, um seine Höhle zu erreichen. Ich hatte ihn ausgelacht, weil er so schwach geworden war. Früher war er in allem besser als ich gewesen. Jetzt war er fort. Und genau genommen war auch ich fort, weit weg von allem, das mir vertraut war.

Beim Gehen sah ich zu Mika. Sie überließ mir Futter, wenn sie es ausbuddelte. Hätte ich meinem Bruder damals Zirbelzapfen bringen sollen?

Ich dachte lange darüber nach, auch wenn der Gedanke schmerzte und die Stimmen der Stille verstummten.

Erst lange Zeit später, als sich die Umgebung veränderte, schreckte ich aus meiner Versunkenheit hoch.

Die Bäume des Grollenden Waldes waren allesamt knorrige uralte Großväter, die sich in bizarren Formen in den Himmel erhoben. Die Stämme waren breiter als ein Bär und glatt, und sie hatten ein tiefes Wurzelwerk, was sie davor schützte, von den Schneelawinen umgerissen zu werden. Junge Bäume hatte ich dort nur selten gesehen. Aber hier, wo wir jetzt entlangwanderten, lagen kaum umgestürzte Bäume, und wir kamen schnell voran. Die Geschichten, die nun zu mir fanden, hatten oft etwas mit Bäumen zu tun, als wollten die jungen, zähen Fichten, die jetzt den Weg säumten, mit mir verwachsen.

Ich dachte an die Tage, als ich heranwuchs und liebend gerne in Bäume geklettert war, um dort oben ein Nickerchen zu halten. Das war zu der Zeit, bevor ich ein Wächter wurde.

Als Wächter tat man so etwas nicht, sondern zeigte Präsenz!

Ich warf mich in die Brust, als ich daran dachte, und Mika schmunzelte. Ich sah es genau.

Wie gerne hätte ich der Mondbärin erzählt, wie wichtig meine Aufgabe war. Was für ein Unglück sie über das Bärental gebracht hatte, weil sie das Gleißen gestohlen hatte.

Doch noch immer bebte der Boden und grollte, wenn ich nur zu laut schnaufte.

Ich nahm mir vor, es ihr zu sagen, wenn wir hier raus waren. Der Wald wurde jetzt schon lichter. Die Hügel, die uns von links und rechts umgaben, wurden sanfter und wichen hier und dort schroffen Felsen, die mich an mein Tal erinnerten. Als es wieder Nacht wurde und meine Muskeln zitterten, rollte ich mich vor einem Baum zusammen, der so gewaltig war, dass seine Äste mit dem Himmel zu verschmelzen schienen. Schneefeen hatten ihre Nester in den Zweigen gebaut. Runde Dinger so wie die Behausungen von Eichhörnchen. Ich presste mich in eine Kuhle am Stamm. Es war eisig geworden, und der Frost biss mir in den Pelz. Der Schnee fühlte sich kratzig und gefroren an. Doch ich war so erschöpft, dass es mir nichts ausmachte.

Mika Mondbärin kletterte lautlos in den Baum hinauf und kam wenig später mit dem Nest einer Schneefee in der Schnauze wieder herunter. Es war voller kleiner himmelblauer Eier, die sie mir gab. Sie zerplatzten mir heiß auf der Zunge und schmeckten nach Bärlauch. Während ich kaute, legte sich Mika direkt neben mich. Ich malmte vorsichtig mit den Kiefern, während ich zum Gleißen schielte, das nur eine Tatze entfernt war. Wenn ich wartete, bis sie eingeschlafen war, würde ich es ihr wegnehmen. Ich musste es nur schaffen, wach zu bleiben! Entschlossen starrte ich am Baum hinauf und sah den albernen Tanz der Schneefeen zu. Mikas Atem neben mir wurde leiser und gleichmäßiger.

Die Schneefeen hatten ein merkwürdiges Spiel angefangen. Ich entdeckte eine Eisperlenspinne, die ihr glitzerndes

Gewebe aus Erinnerungsfäden gespannt hatte. Die Schneefeen schienen Gefallen daran zu finden, die Erinnerungen von anderen anzusehen. Sie flogen mit Absicht gegen die Eisperlen, erstarrten dann mitten im Flug, und ihre Artgenossinnen fingen sie auf und trugen sie herum, bis sie wieder zu sich kamen.

Wirbelnde Schneeflocken begleiteten das Treiben. Flogen in Spiralen um sie herum und malten ein Muster in den rußschwarzen Himmel, über dem schwere Wolken dahintrieben.

Ich sank in den Großen Traum.

Schwebte schwerelos durch die Dunkelheit. Keine zitternden Muskeln quälten mich, keine schmerzenden Zehen und keine Eisklumpen, die mein Fell beschwerten. Ich war stark und voller Kraft!

Brüllend rannte ich, und unter meinen Tatzen bildete sich eine goldene Straße, die sich spiralförmig hinaufschraubte, bis ich zwischen lauter Lichtpunkten dahinjagte. Die Freude, wieder brüllen zu können, die Stille des Grollenden Waldes hinter uns gelassen zu haben, erfasste mich. Übermütig schlug ich nach einem der glühenden Tropfen. Der zerplatzte, und ein helles Gleißen blendete meine Augen.

Ich blinzelte.

Brauchte einen Augenblick, um zu erkennen, was geschehen war.

Ich war wach und starrte in die Sonne, die sich ihren Weg durch die Äste des großen Baumes suchte.

Mein Kopf ruckte herum. Der Platz neben mir war leer. Ein paar Spuren im Schnee verrieten mir sofort, dass die Mondbärin weitergezogen war.

Wie konnte ich diese Chance verpassen?

Ein Brummen rutschte mir aus der Schnauze.

Besorgt hob ich sofort den Kopf und lauschte, doch auf mein Knurren kam kein Rumpeln aus dem Wald.

Ich lauschte noch angestrengter. Die Bäume schienen wieder im Wind zu knarzen. Leise hörte ich einen Raben krächzen.

»He«, flüsterte ich und sah mich um. Keine Lawine rollte von den sanften Hügeln.

»He!«, sagte ich etwas lauter.

Nichts passierte.

Mein Herz machte einen erfreuten Hüpfer, dann sprang ich auf, schüttelte mir Schnee aus dem Pelz und lief der Spur hinterher.

Mika hatte sich heimlich wieder einen Vorsprung erarbeitet. Hatte mich in Sicherheit gewiegt und war dann im Mondlicht weitergewandert. Gerissene kleine Diebin!

Ich hastete einen Hang hinauf. Um mich herum wuchsen immer noch Bäume, aber sie standen jetzt vereinzelt, und als ich über den Hang hinweg war, sah ich eine sanft geschwungene Ebene und einen breiten, schwarz glänzenden Fluss, der sich durch das Land zog. Mikas Spuren führten direkt darauf zu.

Weil alles Wasser sich sammelt. Weil der Fluss in das Meer fließt. Das zumindest erzählte mir das Land, als ich dort auf der Kuppe stand und die Nase in den Wind hielt.

Erstaunt blieb ich eine Weile stehen und lauschte.

Die Hügel erzählten mir, wie sie sich langsam Richtung Himmel bewegten.

Ich hörte die Felsbrocken, die nicht weit von mir lagen, eine Warnung sprechen, dass sie hier porös waren.

»Danke«, sagte ich in die weite Landschaft und kam mir gleich darauf dumm vor. Aber trotzdem waren meine Schritte bedächtiger, als ich weiter der Spur in Richtung des Flusses folgte.

Eine alte Esche erzählte mir von Grastrollen, die gerne in ihren Wurzelhöhlen schliefen, ein anderer Baum sang ein Lied von den Vögeln, die in allen Farben seine Krone schmückten, wenn sie von ihrer Reise aus der Sonne wiederkamen.

Ich erreichte den Fluss. Eine Windböe tanzte über die Oberfläche und ließ das Wasser in einer Fontäne aufspritzen, die einen farbigen Bogen über meinen Kopf malte.

Es war derselbe Bogen, der manchmal am grauen Himmel zu sehen war, wenn die Sonne schien, es aber trotzdem regnete.

Nachdenklich trottete ich dem Wind hinterher, der verspielt immer wieder in das Wasser fuhr und Farben in die Luft malte.

Der Weg am Fluss entlang war beschwerlich, und so heiterten mich die Spielereien des Windes ein wenig auf.

Der Felsen hatte nicht gelogen. Er war brüchig und durch das Eis rutschig, das an ihm klebte.

Es ging stetig bergab, und mehr als einmal geriet ich ins Straucheln. Ich tastete umsichtig über die Felsen.

Immer weiter ging es hinab. Der Fluss tobte zu meiner Rechten. Das Gluckern und Glucksen schwärmte vom Meer. Die Wasserstimmen betäubten den Geist. Das zunehmende Rauschen zog alle Gedanken aus mir heraus, wie vor kurzer Zeit die Stille im Grollenden Wald.

Ich hielt an und sah mich um. Die Dämmerung hatte eingesetzt, und ein lauer Wind fuhr mir durch das Fell.

Ich hob den Kopf, die Witterung der Träumerin war stark. Sie schien in der Nähe zu sein. Ich spitzte die Ohren.

Da!

Ich konnte die kleine Melodie hören, die sie schon im Labyrinth gesummt hatte.

Die Melodie schmiegte sich an das Gemurmel des Wassers und das Flüstern des Windes und bohrte sich wie ein goldener Pfeil in mein Herz.

Ich konnte keinen Schritt mehr weitergehen.

Ein Kribbeln lief mir vom Kopf zu den Tatzen. Überraschend sang die ganze Welt mit mir. Selbst Moduur stimmte mit ein.

Und dann auch ich.

Ein tiefes Brummen entrann meiner Kehle. Ich stand dort auf einem kargen Felsblock, eingerahmt von verwitterten Tannen und sang das Lied des Lebens.

Eine finstere Nacht

Die Nacht ertrank in Finsternis. Ich konnte kaum die Tatze vor den Augen sehen. Der Mond war fest von einem Mantel aus Wolken umschlungen.

Der nasse Schnee lag grau da. Die Felsen knirschten bedrohlich unter mir. Ich blieb stehen. Es war zu gefährlich, heute weiterzugehen. Ich hoffte, Mika hatte das ebenso bemerkt.

Unschlüssig starrte ich zum Fluss, der nicht müde geworden war und mit wellenweicher Stimme an mir vorbeisprudelte.

»He! Langkralle! Kannst du mich hören?«, rief ich in die Dunkelheit hinein. Doch nur der Fluss antwortete mir.

»Kennst du die Geschichte vom Abendvogel im Rosenstrauch?«, fragte ich und kam mir ein bisschen dumm vor.

Mika blieb stumm.

Lauschte sie mir von irgendwoher?

Unsicher tapste ich zu einem Felsvorsprung, an den ich mich schmiegen konnte. Ich rückte ein paar angebrochene Tannenzweige zurecht und starrte auf den Fluss.

Dann erzählte ich die Geschichte aus der Höhle der Wisperschlange. Als ich fertig war, spitzte ich die Ohren, doch in dieser Nacht war Mika nicht zu hören.

Sie summte nicht und erzählte keine Geschichten.

Nur der Wind spielte in den Baumkronen der Tannen und ließ sie leise rascheln. Dann hörte ich ein Krachen von fern. Schreckte hoch. Was war das?

Hatte der Fluss einen Baum mit sich gerissen?

War ein Felsbrocken herabgestürzt?

Kam von irgendwo eine Lawine?

Ich presste mich weiter an den kalten Felsen. Jetzt war alles still. Der Wind hatte aufgehört, die Welt schien den Atem anzuhalten. Ein Schauer lief mir durch den Pelz.

Ich blieb, wo ich war, und atmete Dunkelheit.

Die Nacht war lang und zäh. Ich scharrte mit den Krallen über die eisige Schneeschicht und malte Muster hinein. Beobachtete den Himmel und wartete auf ein Zeichen, dass der Tag anbrach. Manchmal hörte ich einsame Vögel krächzen. Ich schnaufte in den Schnee und versuchte, an das Gleißen zu denken. An warme Lichtworte, doch die Finsternis schien meine Ohren und mein Herz einzuschließen.

Irgendwann überkam mich ein Zittern, das nicht mehr aufhören wollte, bis ein blasser Schein über den Boden kroch.

Nebelschwaden zogen vom Fluss hoch und verdeckten die Sicht auf die aufgehende Sonne.

Ich stemmte mich hoch und lief den Spuren der Mondbärin nach. Kletterte über die nächste Ansammlung von Felsen und näherte mich einem Plateau. Das anschwellende Rauschen des Wassers verriet mir, dass es dort hinunterging. Ich trat an die Kante, um vorsichtig einen Blick zu riskieren.

Der Fels war steil. Es ging tief hinab. Eine Nebelschwade verhinderte, dass ich bis zum Boden sehen konnte.

Ich schnupperte. Wo war die Diebin entlanggegangen?

Ihre Spuren endeten hier am Felsen. Aber das konnte nicht sein. Kein Bär konnte dort hinunterklettern. Das war etwas für

Bergziegen, die mit ihren Hufen auch auf einem Libellenflügel hätten balancieren können. Mein Herz schlug schneller, während ich die Umgebung absuchte.

Wo war sie?

Ich wagte mich kaum weiter an die Kante heran. Der Felsen knirschte schon bedenklich unter meinen Tatzen.

Als ich eine Weile gesucht hatte, aber nichts fand, wagte ich es doch noch einmal. Ich kroch zum knirschenden Rand und warf einen Blick in die Tiefe.

Der Nebelschleier lichtete sich in dem Moment, als ich hinuntersah. Etwas Schwarzes lag im weißen Schnee.

Der Fluss riss mir die Gedanken aus dem Kopf und spülte sie hinunter, in das kleine Wasserbecken neben dem schwarzen Bündel. Mein Kopf war vollkommen leer. Ich kroch rückwärts und suchte nach einer Stelle, an der es nicht so steil bergab ging.

Vorsichtig begann ich zu klettern.

Als ich unten im Schnee ankam, war meine Kehle trocken und mein Körper zitterte.

Schwarzes Fell ragte aus der Schneewehe.

Ich witterte.

Konnte kein Leben riechen.

Meine Glieder wurden schwer. Etwas schien auf meinen Rücken gekrochen zu sein und drückte mit Kraft in meine Beine. Ich sank neben dem Körper in den Schnee.

Löste mich in der Kälte auf.

Ein derartiges Gefühl hatte ich noch nie gehabt. Es durchspülte mich vollkommen.

Warum war das passiert?

Warum war Mika nicht achtsamer gewesen?

Warum regte sie sich nicht mehr?

Ich konnte das Lied noch hören, das sie in der Nacht immer summte. Vorsichtig stupste ich sie mit der Nase an.

Nichts rührte sich. Sie musste in der Nacht an den Abhang gekommen sein, vielleicht war es das Krachen gewesen, das mich hochschrecken ließ?

Vögel kreisten über mir. Raben.

Sie witterten den Tod.

Ich malmte mit den Kiefern, während Erinnerungen in meinem Kopf hochstiegen. Ich dachte an die Zeit, in der wir still nebeneinander durch den Grollenden Wald gelaufen waren.

Ihr schaukelnder Gang, das Schnaufen.

Mir war plötzlich nach Brüllen zumute. Ich schrie in den grauen Himmel hinein, verscheuchte die schwarzen, zerzausten Raben.

Die Sonne war blass, doch sie erinnerte mich an das Gleißen. Ich erhob mich auf wackeligen Tatzen und drehte den Körper der Mondbärin, um den Lederbeutel von ihrem Hals zu zerren.

Ich hatte es zurück.

Kein Gefühl des Triumphes machte sich in mir breit. Der Sieg schmeckte schal wie Regenwasser, das zu lange in einem Felsvorsprung gestanden hatte.

Ich schob meinen Kopf durch die Schlaufe. Mir war nicht einmal danach zumute, das Gleißen zu betrachten.

Ich setzte mich und stierte eine Weile vor mich hin. Der Boden, die Bäume, das Wasser – alles schien zu schweigen. Ich sah nichts anderes außer ihr kleines Gesicht mit der langen felllosen Schnauze.

Wie oft hatte sie mir Futterplätze gezeigt. Wie schnell war sie auf einen Baum geklettert. Wie verrückt waren ihre Geschichten gewesen. Jetzt war das alles vorbei.

Sie war gestorben für ihren Traum, dass das Gleißen ein herabgefallener Stern sei, der an den Himmel zurückgebracht werden musste.

Ich harrte den ganzen Tag neben ihr aus. Fühlte mich nicht imstande, weiterzuziehen oder umzudrehen.

Wie betäubt saß ich da, bis die Nacht über das Land zog. Sie war immer noch sternenlos und ohne Mondlicht.

Sie war so finster, dass sie mir wieder unter das Fell kroch und die Leere füllte, bis ich kaum noch atmen konnte. Ich war angefüllt mit der Nacht.

Die Schwärze in meiner Brust war kalt und wild. Sie wirbelte in mir herum und machte mich zu einem Teil von ihr.

Erst mit dem nächsten Morgengrauen zog sie sich mit dem Rest des Nachthimmels zurück. Ich schnaufte schwer und strich der Träumerin ein letztes Mal über das Fell.

Dann machte ich mich auf den Weg.

Am Saum
des Ozeans

Das Gleißen pendelte bei jedem Schritt gegen meine Brust.
 Der Schnee knirschte unter meinen Tatzen. Der Himmel war dunkelviolett. Schwarze Sturmwolken tanzten vorüber. Die vereinzelten Bäume, welche die Landschaft säumten, bogen sich tief und warfen ihre weißen Hauben ab. Weiße Flocken wirbelten um mich herum. Ich setzte die Tatzen voreinander und starrte vor mich hin. Der Wind ließ meinen Pelz erzittern. Er tobte, riss und drückte an mir herum.
 Ich wusste nicht, wohin ich lief. Ich dachte, ich sei auf dem Weg zurück in das Uralte Gehölz. Doch das Wirbeln, das um mich herum tobte, war längst hinter meiner Stirn angekommen. Ich lief einfach vorwärts. Passierte tiefblaue Seen, die wie Himmelslöcher aussahen, blendend weiße Baumfriedhöfe, Eissteine, bizarre Geschöpfe, geformt von Wind und Schnee, und ein Meer aus schlohweißen Farnen.
 Vielleicht war es der Sturm, der mich die Orientierung verlieren ließ. Vielleicht war es der Umstand, dass die Träumerin nicht mehr vor mir herlief. Ich konnte nicht einmal sagen, wie lange ich weiterwanderte, halb in dem Glauben, dass ich mich auf dem Rückweg befand, halb daran, dass ich verloren sei. Was davon stimmte, konnte ich einfach nicht erkennen.

Erst als die Luft salzig roch und ein Rauschen und Donnern in der Luft lag, wusste ich, dass ich nicht zurück in Richtung Tal gewandert war.

Bald darauf legte sich der Wind, und ich sah in der Ferne eine Wasserfläche, die sich ins Endlose erstreckte.

Das musste das Meer sein. Der Ort, den die Mondbärin gesucht hatte. Steile eisgraue Wellen schwappten über einen Strand aus schwarzem Kies.

Ich fühlte mich auf einmal winzig und klein. Wie konnte ich wichtig sein, wenn es so etwas Großes gab?

Dieser Gedanke flößte mir unvorstellbare Ruhe ein.

Ich war keine große Geschichte.

Dieses Meer würde den Gezeiten folgen, selbst wenn ich nicht mit dem Gleißen zurück in die Wurzelhöhle kam. Die Welt würde sich weiterbewegen, wie sie es immer getan hatte. Moduur verschwand. Der Frühling würde kommen.

Ich stapfte hinunter zum Strand, um mir das Meer genauer anzusehen und den Wellen zu lauschen.

Der Salzgeruch kitzelte mir in der Nase. Ich erinnerte mich an Mika und ihre lächerliche Vermutung, dass dieses Wasser aus Tränen bestand.

Ich musste lachen. Es vermischte sich mit dem Glucksen der Wellen. Meine Brust fühlte sich jetzt freier an. Ich berührte das Wasser mit den Tatzen. Es umspülte meine Krallen. Die salzige Luft ließ mich freier atmen.

Das Gefühl, verloren gegangen zu sein, verschwand.

Genau hier schien ich richtig zu sein. Am Saum des Ozeans, das Gleißen auf der Brust.

Ich hob den Blick in Richtung Norden. Dann wusste ich, was zu tun war. Ich würde wandern, bis das Meer gefror.

Jaro Goldrücken

Ich folgte einige Tage der Küste.

Bald schwammen Eisschollen wie kleine Inseln auf dem Wasser. Je weiter ich lief, desto dichter rückten diese Eisinseln an das Land, bis sie sich damit verbanden und das Meer darunter verschwand.

Eine Landschaft aus Weiß umgab mich. Die Sonne brachte sie zum Glitzern und bestrahlte die erstarrten Wellen.

Mein einziger Begleiter war der Wind, der aufmunternd an meinem Fell zupfte und mich manchmal keck vorwärtsschob.

Ab und zu sah ich ein paar Spuren von anderen Tieren, die zum Wasser gekommen waren, doch zu den Zeiten, an denen ich die Spuren kreuzte, waren sie schon lange kalt und fast ohne Geruch. Das Eis knirschte unter meinen Tatzen.

Die Sonne war heute hinter einer Wand aus Wolken verschwunden. Strahlte hinter ihnen aber so sehr, dass es blendete. Hier, wo ich stand, konnte ich nicht ausmachen, wo die weiten Eisflächen endeten und der Himmel anfing.

Wenn der Himmel weit hinten mit dem Meer verschmolz, war hier die Stelle, wo ich auf dem gefrorenen Wasser bis dorthin wandern konnte, überlegte ich. Ich wusste nicht, was mich dort erwartete, und trotzdem ging ich los.

Es war eine merkwürdige Angelegenheit, über ein gefrorenes Meer zu gehen. Unter mir hörte ich ab und zu das Meeresrauschen und ein dumpfes Gluckern. Ich wanderte durch Wellentäler und passierte Schaumskulpturen, sah stachlige Eisigel und geheimnisvolle Schneeblumen.

Ab und zu rollten Schneewellen über das gefrorene Meer hinweg, in sanften schwappenden Bewegungen.

Beim ersten Mal wurde ich von einer Schneewelle einfach überrollt. Sie kam von vorne, bäumte sich auf und schlug über meinem Kopf zusammen. Schaufelnd und prustend befreite ich mich wieder. Zum Glück war der Schnee aus der Welle locker und leicht und nicht so massiv und schwer wie der aus der Lawine, sodass ich hindurchschwimmen konnte. Das lernte ich schnell, und jedes Mal, wenn eine Schneewelle heranrauschte, warf ich mich hinein und schwamm mit kräftigen Zügen, bis ich wieder festen Boden unter mir spürte.

Neben den Schneewellen hatte ich einige Zusammenstöße mit gefrorenen Geistern. Mit leisem Knirschen schoben sie sich über die Oberfläche des Meeres. Manchmal nahmen sie meine Spur auf und verfolgten mich. Die aus runden, getürmten Eisblöcken bestehenden Geister rückten besonders gerne dichter, wenn es dunkel wurde und ich einzuschlafen drohte.

Sie waren mir unheimlich. Einen zerschlug ich mit meinen Krallen. Ein hohles Stöhnen drang aus seinem Inneren, als er zusammenfiel. Ich hatte Sorge, dass sie mich umzingeln würden, wenn ich stehen blieb, daher machte ich bald darauf keine Pausen mehr und wanderte auch nachts weiter.

Es fiel mir nicht schwer, in der Nacht zu wandern.

Ein Blick in den Himmel belohnte mich für meine Anstrengungen.

Millionen von hellen Sternen bedeckten das Firmament. Es gab keine hohen Berge und Bäume, die den Blick darauf versperrten, und genau wie in dem Moment, als ich das erste Mal das Meer sah, fühlte ich mich auf eine erleichternde Weise klein, wenn ich hinaufstarrte.

Manchmal erkannte ich Muster und Linien zwischen den Sternen. Geschichten waren in den Horizont geschrieben. Ich war mir sicher, dass die Sterne versuchten, sie mir zu erzählen. Noch verstand ich ihre kühlen Stimmen nicht, aber ich hatte das Gefühl, wenn ich ein paar weitere Nächte unterwegs war, dann würden sie anfangen, zu mir zu flüstern.

Längst zählte ich die Tage nicht mehr, die ich auf den Beinen verbrachte. Nach unbestimmter Zeit, es war ein Nachmittag, und die Sonne floss golden über die Eislandschaft, entdeckte ich in der Ferne die Umrisse eines Bären.

Ich blieb abrupt stehen.

Wie lange war es her, dass ich einen Artgenossen getroffen hatte? Hatte er hier sein Revier, oder war er auch ein Wanderer, den die Träume und der Wind leiteten?

Eine frische Brise streichelte sanft meinen Rücken.

Ich würde es nicht herausfinden, wenn ich hier stehen blieb.

Mit langsamen Schritten ging ich auf den Umriss zu, der bald klarer wurde und sich deutlich abzeichnete. Der Bär hatte ein weißes Fell!

Nur die Angehörigen des Wintervolks trugen eines in dieser Farbe.

Als ich das feststellte, klopfte mein Herz wild, ohne dass ich wusste warum. Das Wort wandelbar zischte durch meinen Kopf.

Der fremde Bär hockte regungslos auf seinem Hinterteil vor einem Loch in der Eisdecke.

Er rührte sich nicht, als ich mich näherte. Sein länglicher Kopf hing dicht über dem Wasser. Wenn mir nicht seine Witterung in die Nase gestiegen wäre, hätte ich beinahe geglaubt, nur eine weitere Schneegestalt vor mir zu haben.

Doch ich konnte ihn atmen sehen. Sein hagerer Körper hob und senkte sich.

»He, du mit dem weißen Fell!«

Der Bär reagierte nicht, sondern starrte weiter ins Wasser.

Die Neugierde packte mich, und ich trat näher, bis ich auch einen Blick in das Loch werfen konnte.

Schwarzes Meereswasser schwappte auf und ab.

»Was machst du da?«, fragte ich.

Der Bär regte sich nicht. Übersah ich etwas?

Angestrengt stierte ich in die Fluten.

»Kannst du mir sagen, wo Himmel und Erde sich berühren?«, fragte ich schließlich nach einer ganzen Weile, in der nichts passierte.

»Kann nicht, muss warten«, knurrte der Eisbär aus dem Mundwinkel.

»Auf was denn?«, fragte ich und folgte seinem Blick wieder in die gluckernde Finsternis, die aus dem Loch drang.

»Bin auf der Jagd«, knurrte der Bär.

»Auf der Jagd?«, fragte ich und blickte mich um. Was wollte er hier denn jagen?

»Einen Fisch?«, wollte ich wissen, doch der Weiße antwortete nicht.

Ich schnaufte. Schön. Dann würde ich eben auch warten. Ich hatte ja sonst nichts zu tun.

Ich setzte mich dem weißen Bären gegenüber und schaute ebenfalls in das Loch.

Ich hielt das Spiel erstaunlich lange durch. Vielleicht war ich in der Höhle der Wisperschlange doch aus meinem eigenen Pelz gewachsen.

Es war nicht lange her, da hätte ich mich schon längst mit diesem Bären lauthals gestritten. Vielleicht hätten wir gekämpft. Aber jetzt war mir nicht danach.

Die Sonne wanderte über unsere Köpfe hinweg, und als sie sich orange färbte und den Schnee in Glut verwandelte, regte sich der Bär zum ersten Mal.

Er hob den Kopf, das Licht fing sich in seinem Rückenfell und ließ es golden schimmern. Unsere Blicke trafen sich.

»Du bist ja noch da«, knurrte er und streckte mir sein Hinterteil entgegen, als er sich aufrichtete. »Wer bist du?«

»Arkas Nachtfell. Ich stamme aus dem Uralten Gehölz«, sagte ich und schüttelte die Kälte aus meinen Gliedern. »Ich bin der Träger des Gleißens«, fügte ich hinzu und tippte auf den Lederbeutel. Jetzt war ich weder Wächter noch Jäger.

»Jaro Goldrücken«, stellte sich der weiße Bär vor, reckte sich nun so sehr, dass seine Knochen knackten.

»Was machst du hier, Arkas Nachtfell, Träger des Gleißens?«, fragte er und wandte sich der untergehenden Sonne zu. Dabei legte er die Vordertatzen aneinander und stellte sich mit erhobenem Kopf auf ein Hinterbein.

Sprachlos starrte ich ihn an. Ich hatte noch nie einen Bären eine solch merkwürdige Bewegung vollführen sehen.

»Nun?«, fragte er, senkte sich auf drei Beine und fädelte dabei die linke Tatze unter die Rechte.

»Ich weiß es nicht«, sagte ich.

»Was machst du da?«

»Ich verabschiede den Tag und begrüße die Nacht«, meinte Jaro mit tiefer brummender Stimme.

Jetzt fädelte er sich auf der anderen Seite durch sein Bein. Schließlich rollte er sich ab, kam auf dem Rücken zum Liegen, packte seine Füße und schaukelte hin und her.

»Du weißt nicht, was du hier machst, suchst aber den Rand vom Himmel zur Erde. Interessant«, brummte Jaro und machte einen Purzelbaum.

»Es ist wegen des Gleißens«, sagte ich und deutete auf den Lederbeutel um meinen Hals.

»Eine Mondbärin hat es mir gestohlen und wollte es hierherbringen.« Meine Stimme klang zittrig, als ich das sagte, worüber ich mich ärgerte. Jaro fragte zum Glück nicht, wer diese Mondbärin gewesen war.

»Sie meinte, es sei ein Stern, der von Himmel gefallen ist. Ich will nur wissen, ob sie recht hatte.«

Einen Augenblick schweiften meine Gedanken zur Wurzelhöhle.

Das Leben im Uralten Gehölz schien an dieser Stelle so weit

weg und unwirklich, dass es fast ein Teil des Großen Traumes gewesen sein konnte.

»Hm«, brummte Jaro, sprang auf und verbeugte sich in alle vier Himmelsrichtungen, dann schien seine Begrüßung beendet zu sein.

»Zufällig weiß ich, wo der Ort ist, den du suchst. Aber ich kann jetzt nicht fort. Wie ich bereits sagte, bin ich auf der Jagd.«

»Und was jagst du?«, fragte ich.

»Eine silberne Robbe. Sie kommt jedoch nur herauf, wenn das Sonnenlicht oder der Mondschein sie lockt. Heute hatte ich kein Glück.« Jaro setzte sich mit geradem Rücken und untergeschlagenen Tatzen wieder an das Eisloch.

»Würdest du mir den Ort zeigen, wenn du deine Robbe gefangen hast?«, bat ich.

»Sicher. Der Ort ist schwer zu finden. Ohne mich wäre es ein beinahe hoffnungsloses Unterfangen.«

»Dann warte ich«, sagte ich entschlossen. Ich machte es mir an einer Schneewehe bequem, klopfte den Schnee so lange zurecht, bis ich eine behagliche Liegefläche hatte.

»Verstehst du etwas von der Robbenjagd?«, fragte Jaro, ohne den Blick vom Eisloch abzuwenden. Hinter ihm ging der Mond auf. Er war so riesig, dass er den Himmel fast ausfüllte.

»Ich habe noch nie eine Robbe gesehen«, sagte ich und streckte mich.

»Am liebsten esse ich Blaubeeren und Honighirsch. Preiselbeeren sind auch nicht schlecht. Am besten zusammen mit ein paar großen Steinpilzen. Mir schmecken auch Mondflechten. Aber es scheint von Bär zu Bär anders zu sein. Die Mondbärin mochte Ameisen«, fügte ich hinzu und legte mir eine Tatze auf die Brust.

»Ich esse nur Robben«, brummte Jaro und sah mich stirnrunzelnd an. »Das ist mein Weg. Die Robbenjagd. Ich kenne keine Ameisen.«

»Im Schnee habe ich auch noch nie welche gesehen. Wahrscheinlich halten auch sie Winterschlaf. Merkwürdig, mir ist im Großen Traum noch nie eine begegnet.« Ich dachte an die Ameisenhaufen beim Birkenhain in der Nähe des weißen Stroms.

Jaro neigte den Kopf zum Eisloch.

»Sie singen«, sagte er knapp.

»Wer singt?«, fragte ich und spitzte die Ohren.

»Die Wale.«

Jaros Ohren zuckten. Schließlich erhob er sich wieder.

Er warf sich in die Brust, holte tief Luft und ließ ein Jaulen hören, das besser zu einem Wolf als zu einem Bären gepasst hätte.

Ich starrte ihn mit großen Augen an. Jaro schnaufte vergnügt und drehte sich im Kreis.

»Unter Wasser klingt das viel schöner!«, rief er in einer Atempause. »Wenn ich nicht auf Robbenjagd wäre, würde ich hinabtauchen und ihrem Konzert unter Wasser lauschen.«

»Unter Wasser?« Ich sah auf das schmale Loch im Boden, stellte mir vor, wie es sein musste, in das eiskalte, salzige Meer zu steigen. Ein Schauer lief mir über den Rücken.

Jaro sang weiter mit den Walen, und ich stopfte mir heimlich Schnee in die Ohren.

Sobald er eine Pause machte, holte ich schnell Luft und stellte ihm eine Frage, damit er nicht weitersang.

»Warum hast du ein weißes Fell? Nur die Tiere des Wintervolks besitzen eins.«

Jaro hielt inne und starrte auf sein Fell, als sähe er es zum ersten Mal.

»Interessante Frage. Ich habe nie darüber nachgedacht. Man vergisst, Dinge zu hinterfragen, wenn man sie jeden Tag sieht. Ich wollte auch dich schon fragen, warum du so schmutzig und verdreckt bist, aber das fand ich dann doch unhöflich.«

»Ich bin nicht verdreckt«, knurrte ich. »Und die Mondbärin hatte sogar ein schwarzes Fell.«

»Nachtbären, Schlammbären, Schneebären. Vielleicht gibt es auch Blaubären, Nebelbären und Goldbären«, rätselte Jaro.

Ich zuckte mit den Schultern. Mittlerweile glaubte ich, dass alles möglich war. Diesen Winter hatte sich alles, was ich von der Welt wusste, auf den Kopf gestellt. Ich saß hier mit einem Eisbären auf dem gefrorenen Meer, und jetzt genau in diesem Augenblick begann der Himmel zu leuchten. Grün, Rot und Violett wehten über das unendliche Schwarz. Ich hob den Blick, und die Lichter erfüllten mich mit wilder Freude. Aus dem Schnee erhoben sich leuchtende Flocken, die hinaufstiegen und herumwirbelten wie die Schneefeen im Tal.

»Das sind Nordlichter«, erklärte Jaro, der nur kurz hochgeschaut hatte. »Vielleicht locken sie meine Silberrobbe herbei.« Er senkte den Blick wieder und begann von Neuem, konzentriert in das Loch zu starren.

Ich ließ ihn in Ruhe und drehte mich auf den Rücken, wobei ich das seltsame Gefühl verspürte, gleich hinauf in den Himmel zu stürzen. Ich krallte mich im Schnee fest, und mein Herz füllte sich mit einem fremden Zauber und tausend Geschichten, die älter waren als alle Lebewesen, denen ich jemals begegnet war.

Ich machte in dieser Nacht kein Auge zu, auch als die Nordlichter wieder verschwanden und den sternenbestickten Himmel zurückließen. Ich hob eine Tatze, um die Sterne zu berühren, wie Mika in ihrem Traum. Doch kein Gleißen stürzte hinab.

Das Sternenlicht floss nur über meine Krallen und färbte sie silberfarben.

Die Nacht verging. Jaro stand auf und begrüßte mit seinen Übungen und Walgesängen den neuen Tag.

Er hatte immer noch keinen Erfolg gehabt.

Ich blieb an meinem Platz und beobachtete den Bären mit dem weißen Fell, wie er wieder auf einem Bein stand und die Tatzen zum Himmel reckte.

»Es tut gut, den Tag willkommen zu heißen. Man weiß nie, was er einem schenkt«, brummte Jaro.

Ich schnaubte in den Schnee. Ja, ich hatte mich verändert, seitdem ich den Wald verlassen hatte, aber das würde mich nicht dazu bringen, Purzelbäume zu schlagen und wie ein Jungtier hin und her zu springen.

Trotz Jaros Bemühungen verlief der Tag ereignislos.

»Das Licht stand einfach noch nicht günstig«, sagte Jaro nach seinen Übungen zu mir, als ich ihn fragend ansah.

»Aber ich gehe nicht, bevor ich Erfolg hatte.«

»Ich sehe bald so aus wie du«, knurrte ich und strich mit meiner Tatze über meinen Bauch, der erstaunlich flach geworden war. So sah ich normalerweise aus, wenn der Frühling kam und es wärmer wurde.

Seltsam. Der Gedanke schien mir keine Angst zu machen.

»Hast du schon mal daran gedacht, den Schnee zu verlassen? Stell dir vor, in meinem Tal muss keiner vor einem Loch warten, bis das Essen auftaucht, wenn es ihm passt. Ich könnte dir zeigen, wie man auf Zirbelkiefern klettert, um die Zapfen zu ernten. Ich habe mir davon einen Vorrat angelegt«, erzählte ich und fand meine Worte gleich darauf albern. Es kam mir blöde vor, von Zirbelzapfenvorräten zu reden hier mitten in der Einöde.

»Vielleicht besuche ich dich dort irgendwann einmal«, meinte Jaro. »Du scheinst ein netter Kerl zu sein.«

Ich lachte schnaufend.

Ich und ein netter Kerl! Ich hörte auf zu lachen, als Jaro mich ansah.

»Was gibt es da zu lachen?«, fragte er und senkte den Blick wieder in das Loch.

»Ich weiß es nicht«, sagte ich und runzelte angestrengt die Stirn.

Ich sinnierte eine Weile darüber, konnte aber keine Antwort finden. Alles, was ich zu wissen schien, hatte sich auf meiner Reise in Luft aufgelöst.

Ich sah in den nachtblauen Himmel. Die Sterne funkelten triumphierend.

Und plötzlich wusste ich, was zu tun war. Es war wie ein leuchtender Lichtblitz in meinem Kopf.

Während Jaro regungslos dasaß, tapste ich zu ihm herüber, nahm dem Beutel, der das Gleißen barg, von meinem Hals, legte ihn vor dem Loch auf den Boden und öffnete ihn.

Sofort fluteten warme Worte meinen Geist. Das Licht drang durch mich hindurch und erzählte mir sofort von den ersten Sonnenstrahlen im Frühling, die den Schnee schmolzen. Behutsam hielt ich das funkelnde Gleißen über das Wasser, ließ den geöffneten Beutel hinunterbaumeln, bis er die Wasseroberfläche berührte.

Jaro beobachtete das interessiert, aber schweigend.

Die Robbe würde auftauchen, wenn das Licht im richtigen Winkel auf die Oberfläche schien. Es war so einfach.

Ich hatte die ganze Zeit einen Köder um den Hals getragen.

Es war fast so, als sei meine Reise nur dazu gut gewesen, das hier in diesem Augenblick zu tun.

»Sie kommt!«, hauchte Jaro. Sein ganzer Körper zitterte, als er seine Muskeln anspannte.

Ich hörte es auch. Ein Rauschen, das von unten heraufdrang. Es näherte sich so schnell, dass ich nicht beiseite springen konnte, als eine gewaltige Robbe aus dem Wasser auftauchte.

Ich wurde nach hinten umgeworfen, denn das Eis brach auf, als sie ihren Körper hindurchwarf.

Jaro flog auf sie zu. Ich machte einen Purzelbaum nach hinten und verschluckte mich am Schnee.

Das Gleißen!

Ich tastete um mich herum. Wo war es?

Seine Strahlen blendeten noch meine Augen.

Was war passiert?

Hatte ich es fallen lassen?

Ich kam endlich wieder auf die Füße und schüttelte mir Schnee aus dem Fell.

Jaro stand über die Silberrobbe gebeugt. Er hatte sie erlegt. Aus den Wunden, die er geschlagen hatte, dampfte es verheißungsvoll.

»Komm!«, rief Jaro und deutete mit der Tatze auf seinen Fang.

»Du hast den ersten Bissen verdient.«

»Wo ist das Gleißen?«, fragte ich, während ich zu ihm trottete, doch als ich vor der Robbe stand und der Geruch des Tieres mir in die Nase stieg, bemerkte ich, wie lange ich nichts mehr gegessen hatte. Gierig beugte ich mich über die Beute und griff zu.

Jaro wartete einen Augenblick und gesellte sich dann zu mir.

Wir teilten uns schweigend das Mahl. Wir ließen nicht mehr übrig als aufgewühlten, roten Schnee.

Als wir fertig waren, war ich so satt wie schon lange nicht mehr, und Jaro hatte einen kugelrunden Bauch.

Er rülpste und sah mich an.

»Jetzt bist du so weit. Komm mit«, sagte er und lief los.

Die Sternenlicht-schmiede

Mit Jaro zu wandern, war anders, als mit Mika durch den Grollenden Wald zu laufen. Während die Mondbärin einen schaukelnden, energischen Gang hatte, schlenderte Jaro gemächlich neben mir her. Er blieb häufig stehen, um eine Eisblume zu betrachten oder mich auf eine besonders schöne Schneewehe hinzuweisen. Die gefrorenen Geister störten ihn nicht. Mit stoischer Gelassenheit führte er mich an ihnen vorbei, so dicht sie auch rückten.

»Es ist nicht mehr weit«, sagte er auf meine unausgesprochene Frage hin.

»Hörst du das?«, fragte ich und blieb einen Moment stehen, um die Ohren zu spitzen.

Ein feines, glockenklares Klirren lief über das Eis.

Ich spürte es unter den Tatzen.

»Das ist sie«, sagte Jaro geheimnisvoll und deutete in Richtung eines Gebildes, das sich vor uns aus dem Eis schälte. Ich blinzelte. Vor wenigen Herzschlägen waren da nur die unregelmäßigen Strukturen des gefrorenen Meeres zu sehen, über die ab und zu eine Schneewelle schwappte. Jetzt sah ich ein Gebirge wie aus Morgenlicht gegossen. Das feine silbrige Pochen und Klopfen kam aus seinem Inneren.

»Das ist der Ort, den du gesucht hast, Arkas Nachtfell. Komm. Du wirst erwartet.«

»Ich werde erwartet?«, fragte ich und beeilte mich, ihm zu folgen.

»Was soll das heißen?«

»Du wirst schon sehen.«

»Was ist das für ein Ort?«, fragte ich leise. Nach wenigen Schritten musste ich den Kopf in den Nacken legen, um die letzten Türme und Zinnen aus Morgenlichtstein sehen zu können.

Jaro antwortete nicht, sondern lächelte nur zufrieden.

Zu dem hellen Klingen gesellten sich mehr Töne.

Das Rauschen wie vom Windhauch, der in einer Baumkrone gefangen war. Das Knarzen von Eis, das aneinanderrieb. Das Schmatzen eines Gebirgsflusses, das Knistern eines Feldes im Hochsommer und ein feines leises Summen.

Ich streckte die Schnauze in den Wind. Ich witterte andere Tiere. Roch Feuer, die Nacht, das Eis, den Schnee und etwas Fremdes, das man manchmal schnupperte, wenn man sich in einer sternenlosen Nacht im Wald aufhielt.

Nach einem endlosen, schweigsamen Gang erreichten wir die ersten Ausläufer. Ich ging zu dem seltsamen Stein und fuhr mit der Tatze darüber. Er fühlte sich weich wie Wiesenklee an und war trotzdem fest und kühl wie Morgentau.

»Willkommen in der Sternenlichtschmiede«, sagte Jaro feierlich. »Lass uns den Ort begrüßen. Uns verneigen, dass wir hier sein dürfen!«

Er blieb stehen und richtete sich auf. Ich blinzelte zu ihm hoch.

»Komm schon, Arkas Nachtfell. Dies ist ein wundersamer Ort. Geburtsort der Träume. Heimat des Windes, das Herz der Welt – die Sternenlichtschmiede.«

Mein Herz klopfte aufgeregt.

Befand ich mich im Großen Traum? Alles erschien unwirklich. Aber der Schnee unter meinen Füßen brannte kalt, und die Gerüche und Geräusche ... nie waren sie im Großen Traum so wirklich gewesen wie hier.

»Wir gehen nicht weiter, bevor nicht der Ort gewürdigt wurde«, sagte Jaro ruhig. Ich seufzte und richtete mich ebenfalls auf.

»Dann los«, sagte ich und blickte mich hektisch um, ob uns jemand beobachtete, aber es war niemand zu sehen.

Jaro streckte die Tatzen in Richtung des Himmels, berührte mit seinen schwarzen Krallen beinahe die Wolken und holte tief und schnaufend Luft.

Ich machte diese Bewegung nach, wobei ich ins Schwanken geriet.

Jaro ließ sich auf drei Tatzen nieder und fädelte die linke Vorderpfote durch die rechte. Sein Kopf berührte dabei den Boden. Ich tat es ihm unelegant gleich und kippte kopfüber in den Schnee.

»Noch einmal!«, sagte Jaro und richtete sich auf.

»Du bist nicht bei der Sache.« Wieder streckte er die Tatzen in die Luft.

Ich schnaufte, richtete mich aber ebenfalls auf und kam mir vor wie ein Tanzbär.

Auch bei meinem nächsten Versuch war Jaro unzufrieden.

»Du bist immer noch nicht ganz angekommen. Wie sollen wir weitergehen, wenn du noch gar nicht hier bist?«

Ich runzelte die Stirn und sah an mir herunter.

Wie konnte ich nicht hier sein, wo ich mich doch selbst im Schnee stehen sah?

Jaro drehte sich zu mir herum und presste mir eine Tatze auf die Brust. Bei jedem anderen Bären hätte ich das als Angriff gewertet und ihm einen Hieb versetzt, doch Jaro machte es so bestimmt und selbstverständlich, dass ich ihn gewähren ließ.

»Spürst du meine Tatze auf deiner Brust?«

Ich nickte. Die Stelle, die er berührte, fühlte sich warm an.

»Konzentriere dich darauf. Sag mir, was du fühlst.«

Ich schnaufte.

Was fühlte ich?

»Ich bin verwirrt«, knurrte ich.

»Mein Kopf ist bis zum Bersten gefüllt mit Geschichten, von weißen Bären und welchen, die nur Ameisen fressen. Die Wisperschlange windet sich durch meine Gedanken, der Wind tobt in meiner Brust, das gefrorene Meer schweigt mich an.«

»Du weißt also, dass die Welt voller Geschichten ist, wenn man ihr lauscht.« Jaro löste seine Tatze. Die Wärme blieb.

»Dann tu das. Sei still und lausche. Konzentriere dich auf das Sein. Auf den Wind, auf all das, was in deinem Herzen ist.«

Ich nickte, hob den Kopf und atmete langsam aus.

Es dauerte nur Augenblicke, da ergaben die Geräusche um mich herum einen Sinn. Es war die Melodie, die Mika in der Dunkelheit gesummt hatte. Mir war, als würde sie vor mir stehen. Die Wärme in meiner Brust breitete sich in meinem ganzen Körper aus. Eine Träne schoss mir in die Augenwinkel.

Ich hatte versucht, mich an die Melodie zu erinnern, als ich allein unterwegs war, aber es war mir nicht gelungen.

Jetzt fuhr das Lied des Lebens in meine Glieder.

Ich streckte mich und machte die Bewegungen, die Jaro mir gezeigt hatte. Dankbarkeit durchflutete mich. Es war lange her, dass ich dieses Gefühl empfunden hatte.

»Willkommen in der Sternenlichtschmiede, Arkas Nachtfell«, sagte Jaro zufrieden. »Jetzt bist du angekommen, und wir können hineingehen.« Er deutete auf ein bogenförmiges Tor, das sich vor uns im Morgenlichtgestein aufgetan hatte.

Mir strich eine neckische Windböe durch das Fell.

Jaro ließ mir den Vortritt durch den Torbogen, und ich ging voran, den Kopf voller Wunder und Fragen.

Ich fand mich in einem langen Tunnel wieder, der hell erleuchtet war. Der Stein, aus dem das Gebäude bestand, schien dabei von innen heraus zu leuchten. Die Tunnelwände waren mit Mustern verziert, die mir merkwürdig vertraut vorkamen. Genau solche Verzierungen hatte ich mit meinen eigenen Krallen in meine Schlafhöhle geritzt. Diese Wellen, Spiralen und Kringel hatte ich in die Wurzelhöhle gemalt und auf meiner Wanderung in den Schnee und an die Baumstämme gekratzt.

Immer dann, wenn ich meine Gedanken sortieren musste oder mich beruhigen wollte.

Ich hielt an und fuhr mit meiner Tatze einer Linie nach. Dabei musste ich lächeln.

Jaro blieb hinter mir stehen und wartete geduldig darauf, dass ich alle Muster betrachtet hatte.

Wer diese Bilder wohl in das Morgenlichtgestein geschnitzt hatte? Mein Herz pochte wild, als ich weiterging.

Der Tunnel weitete sich zu einem großen Raum, der ganz in Königsblau erstrahlte.

Ich konnte nicht erkennen, woher dieser Farbton stammte. Er erinnerte mich an das Licht, in das die Welt getaucht wird, bevor die Sonne untergeht. Das blaue Leuchten, das alles in einen sanften, beinahe mystischen Mantel hüllte. Im Bärental war ich besonders gerne zur blauen Stunde spazieren gegangen. Zumindest früher, bevor ich ein Wächter wurde.

Ich blieb stehen und ließ den Blick schweifen. Von diesem Raum gingen ein Dutzend Wege ab.

Ich sah zu Jaro, der sich interessiert umsah. Das blaue Licht färbte seinen Pelz dunkelviolett.

»Was liegt hinter den Türen?«, fragte ich und sah mich um.

»Das ist jedes Mal anders. Das weißt nur du.«

»Nur ich?«, fragte ich stirnrunzelnd und blickte von Tür zur Tür. Das war eine merkwürdige Behauptung. Ich war nie zuvor in der Sternenlichtschmiede gewesen. Wie sollte ich dann wissen, was hinter den Türen verborgen lag?

»Vielleicht sollten wir einfach nachsehen, was meinst du?«, fragte Jaro, der mir aufmunternd zunickte.

Ich blickte zu den Türen. Durch welche sollten wir zuerst gehen? Ich versuchte, sie zu zählen, aber ich kam immer auf eine andere Zahl, als würden sie sich vermehren, je stärker ich mich darauf konzentrierte. Fast konnte ich den Stein knarzen hören, während er sich um mich herum neu anordnete.

Da ich mich ein paar Mal um mich selbst gedreht hatte, um alle Türen im Blick zu haben, war mir schwindelig, und ich kniff für einen Moment die Augen zu.

Wie ich es in den letzten Tagen öfters gemacht hatte, atmete ich tief durch und versuchte, meine Gedanken zu entwirren.

Und da war sie wieder.

Die Melodie, die Mika nachts gesummt hatte.

Der vertraute Rhythmus, der mich auf der Reise begleitet hatte.

Mit halb geschlossenen Augen setzte ich mich in Bewegung und fand ganz schnell den Tunnel, aus dem die Töne silberhell drangen.

»Shitak!«, flüsterte ich und schnupperte. Es roch leicht nach Rauch und heißen Steinen in dem Gang. Einen Moment musste ich an den Waldbrand denken und den Abendvogel, der in seinem Nest geblieben war. Trotzdem lockte mich die Melodie, und ich war mir sicher, dass das Feuer, was dort brennen musste, mir nichts anhaben konnte. Immerhin war der Boden unter meinen Füßen aus dickem Eis. Wir standen auf dem gefrorenen Meer.

Ich straffte die Schultern und tauchte in den Gang ein.

Sofort wurde es wärmer, als würde die Frühlingssonne nach dem Kampf mit Moduur endlich wieder erstrahlen.

Ich hörte ein dumpfes Hämmern und konnte nicht sagen, ob es aus meiner Brust kam oder aus dem Raum, der nicht weit von mir liegen musste.

Das Hämmern, das silberne Klingen, unwillkürlich musste ich leise mitsummen. Was hier gespielt wurde, war die Melodie des Lebens.

Ein Wiedersehen und ein Geheimnis

Der Tunnel weitete sich und entließ mich in eine Halle, die mir vertraut vorkam. Sie hatte Ähnlichkeiten mit der Wurzelhöhle im Uralten Gehölz.

Der Boden war mit Fuchsgold bedeckt, das jeden Schritt dämpfte. An den Wänden wucherten Wurzeln in alle Richtungen, und hier und da entdeckte ich den lila-goldenen Hut eines Brüllpilzes. Sogar ein Berg aus Steinen wartete gleich hier am Eingang der Halle, den ich nur flüchtig wahrnahm.

Meine Augen wurden vom Herzen des Raumes angezogen. Hier brannte tatsächlich ein Feuer, aber es war ein dunkelgrünes flackerndes Licht, das ab und zu ins Violette oder Rötliche umschlug. Die bunten Flammen loderten hoch bis zur Decke und verschwanden in einem Schacht.

»Sind das nicht diese Nordlichter, die wir vor einiger Zeit gesehen haben?«, fragte ich Jaro, der neben mir stehen geblieben war und sich interessiert umsah.

»Ja, das nehme ich an«, sagte

der Eisbär und nickte in Richtung des Feuerplatzes, um den sich einige Gestalten drängten.

»Wer ist das da?«, fragte ich und kniff die Augen zusammen. Es waren schemenhafte Wesen, die ihre Form und Kontur zu ändern schienen, je mehr ich versuchte, sie zu betrachten.

»Das werden die Sternenlichtschmiede sein«, erklärte Jaro und sah mich an. Sein Goldblick drang tief in meinen.

»Aber das weißt nur du, Arkas Nachtfell. Ich bin lediglich der Wächter der Sternenlichtschmiede. Der Führer durch die Räume kannst nur du selbst sein oder ein Kind des Windes.«

Ich verzog das Gesicht.

»Du sprichst in Rätseln, Jaro. Gibt es keinen, der mir Antworten geben kann, die ich auch verstehe? Du hast gesagt, dass mich hier jemand erwartet. Kann derjenige mir nicht erklären, was los ist?«

Jaro trat von einer Tatze auf die andere, dann nickte er schließlich.

»Sei tapfer und habe keine Angst, sie kommt hierher, denn du hast sie gerufen.«

»Ich habe keine Angst«, schnaufte ich und klang dabei wie der alte Arkas Nachtfell.

Doch als sich hinter mir tapsende Schritte näherten, wurde mir ganz flau im Magen. Eine merkwürdig vertraute Witterung stieg mir in die Nase. Es roch nach Honigtau und fremden Dschungelpflanzen.

Ich wirbelte herum.

Da stand sie.

Mika Mondbärin.

Sie kam durch den Tunnel getappt mit ihrem schaukelnden Gang und schnaufendem Atem.

Wie konnte das sein?

Ich hatte neben ihrem toten Körper gewacht. Ich hatte ihn berührt. Da war kein Leben mehr gewesen.

»Arkas«, sagte Mika freundlich und blieb stehen. »Es tut gut, dich wiederzusehen.«

»Du bist gestorben«, krächzte ich und verschluckte mich an meinen eigenen Gedanken und diesem sperrigen Wort.

Gestorben.

»Und trotzdem sind wir beide an diesem Ort.« Mika setzte sich.

Ich kam ganz langsam näher. Spürte, dass etwas Beruhigendes von ihr ausging. Es fühlte sich nicht falsch an, dass sie hier war.

Mika nickte mir auffordernd zu und blickte zu Jaro.

»Lieber Arkas Nachtfell, Jaro hat dir erzählt, dass wir in der Sternenlichtschmiede sind.«

Ich nickte langsam und starrte auf ihr schwarzes Fell, das ich zuletzt vor dem Abhang im Schnee gesehen hatte.

»Jaro hat dir aber nicht verraten, wo dieser Ort liegt.«

»Er liegt am Rande des gefrorenen Meeres. Meine eigenen Tatzen haben mich hierher geführt«, sagte ich und schaute die beiden verwirrt an.

Hinter mir wurde die Melodie der Schmiede lauter und eindringlicher. Das silbrige Klingen schwirrte mir um die Ohren wie ein Schwarm Mücken.

Mika kam etwas näher auf mich zu und sah mir in die Augen.

»Die Sternenlichtschmiede liegt dort, wo du es beschrieben hast. Aber gleichzeitig liegt sie auch genau hier.« Sie tippte auf meine Brust, wo ich noch immer die warme Berührung von Jaros Tatze spüren konnte.

Ich blinzelte.

»In mir? Das ist ja Blödsinn. Wie kann ich selbst in einem Raum stehen, der sich zugleich in mir befindet?«

»Weil du nie deine Schlafhöhle im Uralten Gehölz verlassen hast, Arkas.« Mika sah mich fest an. »Du bist noch immer dort und liegst im Sterben. Die Reise, die du angetreten hast, ist nur in deinem Geiste passiert.«

Ich wich einen Schritt zurück.

»Das ist nicht wahr!«, rief ich entsetzt und wusste nicht, wohin ich schauen sollte.

Meine Gedanken schwirrten durcheinander.

»Im Grunde deines Herzens weißt du es. Alles, was du auf deiner Reise erlebt hast, ist geschehen, aber eben nur durch deinen Geist.« Mika und Jaro nickten ernst.

»Das verstehe ich nicht«, sagte ich. Ich zitterte unter dem Pelz.

»Darum bin ich hier, um dir alles zu erklären.« Mika nickte mir auffordernd zu.

»Wir erkunden die Sternenlichtschmiede, und ich erkläre dir, was du siehst, und dann wirst du verstehen, warum du hier bist.«

»Warum bist *du* hier?«, wiederholte ich und dachte an die Wisperschlange und hatte sogleich das Gefühl, ihre rasselnden Schuppen zu hören, als würde sie nur ein paar Meter entfernt auf ihrem warmen Felsen liegen und uns lauschen.

»Weil du mich gerufen hast«, antwortete Mika schlicht. »Und ich bin gegangen, weil du den Rest des Weges alleine finden musstest. Weil es deine Entscheidungen sind, die dich hergeführt haben.« Sie nickte mir zu.

»Möchtest du zuerst die anderen Räume ansehen oder weiter das Herzstück der Schmiede betrachten? Sollen wir zu den Schmieden gehen?« Sie deutete auf die Gestalten, die nun immer mehr die Konturen von Tieren annahmen.

»Ich weiß gar nichts mehr«, sagte ich verwirrt und rieb mir mit einer Tatze über die Stirn.

Ich lag immer noch im Uralten Gehölz? Mika war nicht gestorben? Das konnte nicht wahr sein.

Ich drehte mich einmal um mich selbst. Nein. Das hier fühlte sich echt an. Das war kein Großer Traum, in welchem alles leuchtete und ich fliegen konnte, wenn ich das wollte. Das hier musste einfach echt sein. Das hier konnte nicht in meinem Kopf passieren.

Das Zittern wurde heftiger, und auch die Melodie um uns herum geriet aus dem Takt.

Jaro und Mika legten gleichzeitig ihre Tatzen auf meinen Pelz, und ihre Berührung sprach von Wärme und Trost, wie ich sie schon lange nicht mehr erlebt hatte.

Wärme, wie ich sie in der ersten Höhle erlebt hatte, von meiner Mutter, kurz bevor wir zum ersten Mal in den Schnee getreten waren.

Mein Herzschlag beruhigte sich, und auch die Melodie der Schmiede pendelte sich wieder ein.

»Ein jeder kennt den Weg zur Sternenlichtschmiede, aber kaum einer erinnert sich daran. Ein jeder weiß, woher der Wind kommt, aber die meisten lauschen in die falsche Richtung. Wir finden den Weg nur in uns selbst.«

»Und was ist mit den Kreaturen, denen ich begegnet bin? Was ist mit Mascha und ihrem Rudel? Sie haben mich gebissen. Ich trage die Narben doch an meinem Körper!«

Ich setzte mich auf mein Hinterteil und strich mit der Tatze über mein Fell. Zeigte den anderen die kaum verheilten Narben von den Bissen der Wölfe. »Du warst dabei. Sie haben mich fast umgebracht.«

Mika legte den Kopf schräg.

Ich schüttelte mich, als ich daran dachte, wie ich beinahe im eiskalten See ertrunken wäre. Wie die Wölfe mir immer wieder zugerufen hatten, dass ich schwach sei, dass ich nicht hierher gehörte, dass ich verloren war, sie hatten mir zugesetzt, nicht nur mit Bissen, sondern …

»Wie Gedanken, die man in dunkler Nacht hat«, sagte ich laut und sah die beiden an.

Ich dachte daran, wie ich manchmal in meiner Höhle lag und mir das Leben schwer und voller Elend vorkam. Ich hatte mich selbst oft in genau diesem Ton beschimpft.

Du schaffst es nicht aufzustehen.

Du bist zu schwach.

Ich kannte das Gefühl, in einem tiefen kalten See zu versinken und sich irgendwo festklammern zu müssen.

Es saß tief in meiner Brust, auch wenn ich es seit Langem nicht mehr gespürt hatte.

»Gedanken hinterlassen die tiefsten Narben. Hast du das nicht gesagt, als du mich damals gerettet hast?«, fragte ich Mika, die mir erneut freundlich zunickte.

Mein Fell kribbelte.

»Aber was ist mit der Wisperschlange? Die Wölfe als meine eigenen bissigen Gedanken kann ich akzeptieren, aber die Wisperschlange kann ich mir unmöglich selbst ausgedacht haben. All die Fragen und Rätsel, die sie mir gestellt hat. Ich glaube nicht, dass mein Geist sich so ringeln kann wie die Schlange in der Eishöhle.« Ich nickte und sah von Jaro zu Mika, überzeugt, einen Beweis gefunden zu haben, dass ich wirklich aus dem Bärental aufgebrochen und in dem steinernen Labyrinth herumgeirrt war.

Jaro beugte sich zu mir herunter.

»Die Wisperschlange ist die Weisheit, die in jedem von uns

schläft. Tief unten in den verwirrenden steinernen Höhlen. Wir hören sie oft zischeln, verstehen aber ihre Worte nicht, weil sie es liebt, in Rätseln zu sprechen. Wir müssen uns konzentrieren und ihr zuhören, damit ihre Worte einen Sinn ergeben. Kannst du dich erinnern, was sie gesagt hat?«

»An jedes Wort«, gab ich zu und musste nicht lange überlegen. Es war, als würde sie direkt vor mir mit ihrem gewaltigen Kopf hin und her pendeln und mir zuflüstern:

Warum bist du hier?
Du kennst die Antwort bald,
Sie liegt am Meer hinter dem Wald.
Sie gilt für jedes atmende Tier.

Sie liegt am Meer hinter dem Wald. Sie gilt für jedes atmende Tier. Mein Kopf fühlte sich etwas schwummerig an.

Ausgang.
Öffne dich.
Befreie dich selbst.
Geh durch dich selbst.
Fortwährend.

Geh durch dich selbst. Hatte mir schon die Wisperschlange verraten, dass sich mein ganzer Weg nur in meinen Gedanken abspielte?

Befrei dich selbst.
Leg deine Häute ab.
Lass das Alte hinter dir.

Ich rieb mir über den juckenden Pelz.

»Die Wisperschlange hat mir beigebracht, dass man sich im Leben häuten sollte wie eine Schlange. Man soll den Mut haben, Altes hinter sich zu lassen, weil Leben wandelbar ist.«

Mika nickte.

»Aber sie sprach vom Leben. Du sagst, ich liege im Sterben. Wie soll mir das Wissen jetzt noch nützen? Ich hätte der Wisperschlange schon früher zuhören sollen. Das ergibt doch keinen Sinn!«

»Ohne die Weisheit der Wisperschlange hättest du die Sternenlichtschmiede nicht gefunden. Du musstest ein Anderer werden. Hier erwartet dich eine große Aufgabe. Du musst dieser Herausforderung erst gewachsen sein, bevor du dich ihr stellst«, meinte Mika mit fester Stimme.

»Wir können dich herumführen und dir davon erzählen. Oder brauchst du einen Moment der Stille, um deine wirren Gedanken zu sortieren?«

Ich lauschte in mich hinein. Mein Herz schlug wieder in seinem normalen Takt, und alles in mir sehnte sich danach herauszufinden, was es mit diesem Ort auf sich hatte oder ob ich tatsächlich noch träumte.

»Zeigt mir bitte den Rest der Sternenlichtschmiede. Vielleicht verstehe ich es so leichter.«

»Komm, wir stellen dir die Schmiede vor!« Mika lief voran auf die knisternden Nordlichtfeuer zu, die in gleichmäßigen Strömen durch den kupfernen Schlot hinausflackerten.

Die Melodie aus Wummern und Klimpern hatte erneut eingesetzt. Je näher wir dem Feuer kamen, desto mehr Wärme durchflutete mich. Aber es war nicht so, als würde sie von außen in mich eindringen, sondern von innen aufsteigen und jeden Winkel meines Körpers ausfüllen.

Als wir uns näherten, erkannte ich die Schmiede und musste feststellen, dass ich jeden von ihnen schon einmal gesehen hatte außer einem zweibeinigen Wesen, das ich nicht kannte.

Die Kupfereule fächelte mit ihren Schwingen über die Glut, auf der eine Schale stand, in der ein Stein schmolz. Da waren ein paar Wölfe, die mit ihren kräftigen Zähnen an einer Pumpe zogen und glitzerndes Wasser hinaufholten, das in einen silbernen Eimer lief. Ich sah den Fuchs, den ich im Grollenden Wald getroffen hatte. Er trug verschiedene Werkzeuge zu dem zweibeinigen Wesen, das geschäftig die Sachen annahm und flüssigen Stein in Formen goss.

Ich entdeckte sogar die Lawinenmaus, die mit ihren kräftigen Hinterläufen Sand und Erde von einer ausgegossenen Form klopfte und dabei die Schmiede zum Grollen brachte.

»Die Horizontenzange, bitte«, sagte das Zweibein und lächelte mir flüchtig zu, bevor es emsig weitermachte.

»Was tun sie da?«, fragte ich Jaro, der stehen geblieben war und sich vor dem Feuer verbeugte.

»Sie schmieden deine Rüstung«, beantwortete er meine Frage.

»Eine Rüstung?«, fragte ich, und das unbekannte Wort eckte in meinem Kopf an. »Was ist das?«

»Ein Schutzpanzer, so wie ihn Schnecken, Krebse oder Nashörner tragen«, meinte Mika fröhlich. »Ich habe auch einen.«

»Wozu brauche ich so etwas?«, fragte ich stirnrunzelnd und stellte mir unwillkürlich vor, wie lächerlich es aussehen würde, wenn ich mit einem gigantischen, glänzenden Schneckenhaus auf dem Rücken herumlaufen würde.

»Für die Aufgabe, von der ich sprach. Man braucht etwas mehr als ein dickes Bärenfell, wenn man zu den Sternen steigen will.«

Ich schnaufte. Was sollte das nun wieder bedeuten? Ich sollte zu den Sternen steigen? Ich dachte an die Worte von Mika bei unserer ersten Begegnung.

Das Gleißen sei ein Stern, der vom Himmel gefallen war und zurückgebracht werden musste.

»Das Gleißen!«, rief ich entsetzt und schlug mir auf die Brust, wo vorher immer der Lederbeutel gehangen hatte.

»Ich … ich habe es ganz vergessen! Es muss noch an dem Loch im Eis liegen. Nachdem wir gefressen haben, sind wir gleich aufgebrochen. Wie konnte das nur passieren?«

Das Wummern in der Schmiede nahm mit meinem wilden Herzschlag zu. Ich musste zurück und das Gleißen holen!

»Du brauchst jetzt nicht losstürmen, Arkas. Wir müssen dir unbedingt einen anderen Raum der Sternenlichtschmiede zeigen, bevor du überstürzt handelst«, rief Mika sofort und sprang mir in den Weg, als ich losstürmen wollte.

Auch Jaro trat vor mich.

»Komm, geh voran in die große Halle und probiere eine andere Tür!«

»Aber das Gleißen!«, wiederholte ich atemlos und konnte einen Augenblick an nichts anderes denken.

»Es ist alles gut, Arkas. Sieh bitte in den nächsten Raum«, meinte Mika, dann zwickte sie mir ins Fell, und endlich setzte ich mich in Bewegung.

Wir verließen die Nordlichtfeuerstelle und kamen zurück in die große königsblaue Halle. Es gab dort etliche andere Türen, aber Jaro hatte gesagt, dass nur ich wusste, wohin sie führten, und ich brauchte jetzt den Ort, an dem das Gleißen lag. Ich brauchte Antworten auf die Frage, was es mit dem Schatz der Bären wirklich auf sich hatte!

Das innere Leuchten

Ich entschied mich für den größten Tunneleingang und marschierte voran. Zunächst war alles in Dunkelheit getaucht. Ich fühlte mich zurück in das steinerne Labyrinth versetzt. Beinahe konnte ich die Enge der kalten Steine spüren und die Feuchtigkeit in meinem Nackenfell.

Doch dann weitete sich der Gang zu einer unendlichen Höhle.

Ich starrte sprachlos auf tausende Lichtpunkte, die in Spiralen und feinen Mustern durch das Schwarz strudelten und wie ein Schwarm Glühwürmchen im Sommer schwirrten.

Der Anblick war so überwältigend, dass ich mich auf mein Hinterteil fallen ließ und hinaufstarrte.

Die Lichter tanzten um meinen Kopf und entfernten sich wieder.

Mika stellte sich auf ihre Hinterbeine. Der goldene Mond auf ihrer Brust bewegte sich mit ihr auf und ab, als würde er zwischen den tanzenden Sternen aufgehen.

»Ist jedes von diesen Lichtern ein Gleißen?«, fragte ich und beobachtete, wie sich jetzt ein Schimmer von den anderen entfernte und einen Feuerschweif hinter sich lassend in der Ferne verschwand.

»Es gibt für jedes atmende Lebewesen auf der Welt eines«, flüsterte Mika, die verträumt mit ihren Tatzen danach angelte und dabei langsam herumtänzelte.

»Es gibt für jeden eines? Aber das Gleißen im Uralten Gehölz liegt dort schon seit Ewigkeiten und hat Generationen von Bären zu Wächtern gemacht.«

»Ein jeder Bär findet dort nur sein eigenes Gleißen«, behauptete Mika und deutete mit einem Kopfnicken zu den wirbelnden Lichtern.

»Sie sehen aus wie Sternschnuppen«, brummte ich und trat nervös von einer Tatze auf die andere.

»Ist meines auch hier gelandet, als ich es verloren habe?«

»Du hast es nicht verloren«, meinte Jaro, der sich zu mir beugte und mich fest ansah.

»Ich sehe es in deinen Augen leuchten.«

»Es ist schon immer in dir gewesen«, fügte Mika hinzu und deutete auf meine Brust. Die Wärme darin wirbelte aufgeregt hin und her. Ich hörte laut die Melodie des Lebens pochen, als ich mir eine Tatze auf die Brust legte.

Ich dachte an die Abende zurück, an denen ich das Leuchten in meinen Augen im See oder im Fluss gespiegelt gesehen hatte. Das Glühen, wenn ich es anschaute.

Ich musste auch daran denken, wie die Wölfin Mascha glühende Augen gehabt hatte oder der Fuchs im Grollenden Wald, oder Mika.

»Es gibt also für jeden ein Gleißen, und das trägt er in seiner Brust mit sich herum«, wiederholte ich und beobachtete den Tanz der Sternschnuppen. »Aber was ist mit denen hier? Gehören sie niemandem?«

»Die sind für alle Kreaturen, die noch nicht angefangen haben zu atmen. Schau dort vorne zischen zwei los. Vielleicht sind sie für zwei Geschwister gedacht, die gerade das Licht der Welt erblickt haben.«

Lächelnd blickte Mika mich an.

Ich malmte mit den Kiefern, und wirre Gedanken schossen mir durch den Kopf.

»Aber was ist das Gleißen dann? Ist es das Leben selbst? Der Funke des Lebens? Wie kann ich meines dann noch haben, wenn ich im Sterben liege, wie ihr sagt.«

»Das Leuchten in dir ist eine Gabe, nicht das Leben selbst, obwohl es dicht mit dem Lebensfunken verwoben ist.«

»Eine Gabe? Ich habe mich Zeit meines Lebens nie besonders begabt gefühlt. Ja, ich war stark, ich konnte Bäume entwurzeln und eine Höhle bewachen, die ... wenn ich euch glauben soll, leer gewesen war.« Ich schluckte, und Kälte breitete sich in mir aus.

»Ich habe das Gleißen in einer Höhle versteckt. Ich habe mich und mein Leben in einer Höhle versteckt.«

Die Erkenntnis ließ mich schaudern.

»Es war sinnlos von mir, mein Leben damit zu verschwenden, vor der Höhle herumzuliegen und andere für mich auf die Jagd in die Welt zu schicken. Meine Knochen sind müde geworden, weil sie nicht umhergewandert sind. Mein Geist ist versteinert, weil ich nie über das Uralte Gehölz hinausgeschaut habe. Ich habe ein nutzloses Leben gehabt!«

Mir war nach Weinen zumute, und es war mir egal, dass ich dem nun nachgab. Mika und Jaro legten mir eine Tatze auf die bebenden Schultern und warteten geduldig, bis die Tränen wieder versiegten. Danach fühlte ich mich, als hätte ich mich schon wieder gehäutet. Ich hatte einen alten Pelz abgelegt, fühlte mich zart und wie neugeboren.

»Du musst nicht traurig sein, der Wind hat dich aus einem

bestimmten Grund hierhergeführt. Dir wurde eine besondere Gabe zugeteilt, auch wenn du sie im Uralten Gehölz nur für dich behalten hast. Jetzt und hier hast du die Möglichkeit, dich zu entscheiden, das Gleißen leuchten zu lassen, und zwar für alle, denen es ähnlich ergeht wie dir.«

»Wie?«, fragte ich, ohne zu zögern, wobei ich abwechselnd Jaro und Mika anschaute.

»Du hast doch sicher erkannt, was deine Gabe ist, oder? Was dein Gleißen, dein inneres Leuchten ausmacht?«

Ich hörte mich selbst atmen, während ich nach einer Antwort darauf suchte.

Dann hörte ich die Wisperschlange etwas flüstern.

Geschichten.
Gesprochenes Licht
Ein unvorstellbarer Schatz
Wohnt in deiner Brust
Immer

Es war genau das, was ich spürte, als ich vor der Sternenlichtschmiede stand. Mein Kopf platzte fast vor lauter Geschichten und Worten. Ich hörte, was die Welt mir erzählte, und gleichzeitig war ich es, der ebenso viel zu sagen hatte.

»Ich sehe an dem Leuchten in deinen Augen, dass du begreifst«, rief Mika.

»Ich bin ein Geschichtenerzähler«, sagte ich, und die Lichter, die über uns tanzten, schienen wie zur Bestätigung noch etwas heller zu leuchten. »Ich habe aber niemandem im Uralten Gehölz jemals eine Geschichte erzählt.«

»Außer den Wächtern. Davon, dass ein Gleißen in der Schatzkammer liegt.«

»Das stimmt«, sagte ich und dachte an Katjur, Schinka und die anderen, die im Frühling aufwachen und ihren Dienst antreten würden, nur weil ich es ihnen gesagt hatte. Weil ich von dem Gleißen erzählt hatte.

»Aber ich habe die Geschichte falsch erzählt!«

Ich spürte, wie sich Unruhe in meinem Magen breitmachte.

»Ich muss zurück und ihnen sagen, dass ich unrecht hatte. Dass jeder ein Gleißen in sich trägt. Dass jeder ein Leuchten in sich hat, das er mit der Welt teilen kann! Der Wald wäre ein hellerer Ort, wenn alle Augen leuchteten und jeder mit Wärme erfüllt ist!«

»Du kannst nicht zurück«, sagte Jaro mit fester Stimme und stellte sich mir in den Weg, als ich schon umdrehen und losgehen wollte.

»Jaro hat recht. Du kannst nicht zurück in das Uralte Gehölz, aber wie ich dir sagte, hast du hier eine Aufgabe.« Mika trat nun auch vor mich und räusperte sich.

»Arkas Nachtfell, du wurdest dazu auserwählt, als Stern an den Himmel zu steigen und allen Lebewesen, die zu dir aufsehen, deine Geschichte zu erzählen. Du sollst Teil eines Sternenbildes sein, das viele atmende Wesen in dunkler Nacht sehen werden und sie aus der Finsternis herausführt.«

Ich starrte Mika einen Moment an und wusste nicht, was ich sagen sollte.

»Ich ein Sternenbild?«, fragte ich und schüttelte meinen Pelz.

»Ich versteh nicht, wie du das meinst.«

»Von wo könntest du heller leuchten als vom Nachthimmel? Auch ich bin Teil eines Sternenbildes. Ich habe dich von dort gesehen und wusste, dass du derjenige bist, der die Geschichte am besten erzählen kann. Dass du derjenige bist, der am hellsten leuchten wird.«

Ich starrte die beiden eine Weile an, und merkwürdigerweise fühlte sich der Gedanke, in den Himmel hinaufzuklettern und dort zu leuchten, überhaupt nicht seltsam oder falsch an. Je länger ich darüber nachdachte, wie oft ich alleine auf meiner Reise in den Nachthimmel geblickt hatte, um Trost zu finden, desto natürlicher klang es, dass ich diese Erkenntnisse, die ich auf meiner langen Reise zur Sternenlichtschmiede gesammelt hatte, mit allen teilen sollte.

»Und wie funktioniert das?«, fragte ich, und meine Stimme wurde fest und entschlossen.

»Wie kann ich zum Himmel aufsteigen? Ich habe keine Flügel wie ein Vogel. Ich kann nicht dort hinaufschweben.«

»Das zeige ich dir, wenn deine Rüstung geschmiedet ist«, antwortete Mika.

»Wofür ist dieser Panzer, den ich mitnehmen soll?«, fragte ich.

»Gegen die Steine aus dem All, die manchmal dicht vorbeirauschen. Gegen die Kälte, wenn man das Gefühl hat, dass niemand zuhört. Aber das wirst du sehen, wenn wir hinaufsteigen. Ich werde dich dort hinführen, denn ich bin auch ein Teil des Sternenbildes. Wir werden zusammen am Himmel leuchten.«

Mein Herz machte einen freudigen Sprung, als ich daran dachte, wie sehr ich die Mondbärin vermisst hatte, als ich glaubte, sie auf meiner Reise verloren zu haben.

»Komm, wir müssen zurück zur Schmiede. Du musst einen Teil deines Gleißens in den Kometenstahl fließen lassen, damit die Rüstung gut wird.«

Ich nickte und folgte ihr.

Die Eisperlenspinne

Als wir uns wieder dem Gang zuwandten, aus dem wir gekommen waren, bemerkte ich allerdings, dass unzählige glitzernde Fäden sich dort spannten. Kreuz und quer, hoch und runter. An jeder blitzte eine weiße Perle.

»Eine Eisperlenspinne«, sagte ich und kniff die Augen zusammen.

»Was macht sie in der Sternenlichtschmiede?«

Ich blieb vor ihrem Netz stehen und betrachtete es genauer.

»Ich habe sie von Anfang an gesehen. Im Uralten Gehölz, als sie versuchte, ein Netz vor meiner Winterhöhle zu spinnen. Dann natürlich in der Höhle der Wisperschlange, als ich die Geschichte des Abendvogels hörte, der nicht aus seinem bequemen Nest fliegen wollte. Und im Grollenden Wald zwischen den Stämmen der alten Eiche, wo die Schneefeen ihre Nester verstecken. Und jetzt hier. Es ist, als folge sie mir.« Ich sah von Mika zu Jaro.

Mir fielen die Worte der Wisperschlange wieder ein:

Eisperlenspinne
Meisterin Vielbein
Verbindet alles Leben.
Spinnt das Netz Erinnerung.
Ganzheitlich.

Als ich diese Worte laut aussprach, verstand ich sie im selben Moment.

Im Leben ist alles verbunden. Alles beeinflusst sich gegenseitig, und die Eisperlenspinne hilft uns, das nicht zu vergessen.

»Sie sammelt die Erinnerungen von anderen Lebewesen, damit wir lernen, wie es anderen ergeht. Damit wir unser eigenes Leben durch sie besser verstehen. Und damit wir lernen, darauf zu achten, wo sich die Fäden kreuzen«, sagte ich laut und sah zu der Spinne hinauf, die an einem Faden sanft hin und her pendelte.

Fäden
Verweben sich
Verbinden uns alle
Wir sind nicht allein
Netz.

Ich wiederholte die Worte der Wisperschlange, die sich nun anscheinend wirklich durch mich hindurchzuwinden schien.

Ich betrachtete die unzähligen Eisperlen, die federleicht hin- und herschwangen. Dabei spürte ich eine sanfte Neugierde, die mich automatisch auf diese Erinnerungen zuschob.

Ich wollte wissen, was andere Kreaturen mit meinem Leben verband. Es war eine Möglichkeit, zu lernen und Erfahrungen zu sammeln. Es waren aufgefädelte Erkenntnisse. Die Erinnerungen der Eisperlenspinne waren Schätze.

Ich blieb vor einem Faden stehen und dachte kurz an die Schneefeen im Grollenden Wald. Für sie war es ein Spiel gewesen. Vorsichtig machte ich einen weiteren Schritt, und die glänzende Eisperle zerplatzte mit einem hellen Geräusch an meiner Stirn.

Es knackte im Wald. Etwas schob sich leise in der Dunkelheit den Hang hinauf. Ob es auf dem Weg zur Schatzhöhle war?

Ich kroch aus meiner Behausung und schlich mich durch die dicht stehenden Tannen des Uralten Gehölzes.

Tatsächlich. Ich sah einen großen grauen Dachs, der sich zielgerichtet Richtung Schatzhöhle bewegte. Das konnte ich nicht zulassen!

Ohne Vorwarnung raste ich auf den Angreifer zu und versetzte ihm einen so gezielten Prankenhieb, dass er beiseite flog und gegen einen Felsen krachte.

»Weg vom Schatz der Bären!«, grollte ich und sah mit Genugtuung zu, wie der Dachs fiepsend davonschoss.

Morgen würde ich Arkas Nachtfell davon erzählen. Dann musste er mich bei den Wächtern aufnehmen, überlegte ich und betrachtete zufrieden meine Tatzen.

Ich verjagte oft Eindringlinge, denn meine Höhle lag ganz am Rande des Tales. Ich war die stille erste Vorhut und die Wächterin meiner heimlichen Familie! Glücklich trat ich in das Mondlicht und sah in den sternengesprenkelten Nachthimmel.

Ich schüttelte mich. Das war eine Erinnerung von Lika! Eine Welle von Mitgefühl und ein drückendes schlechtes Gewissen überkam mich. Sie war schon immer eine Wächterin gewesen, und ich hatte sie immer abgeschmettert. Ich erinnerte mich daran, wie sie eines Morgens zu mir kam und erzählte, dass sie einen Dachs vertrieben hatte.

Doch ich hatte sie ausgelacht und ihr nicht geglaubt. Trotzdem hatte sie es immer wieder versucht. Lika, die tapfer in ihrer Höhle wartete, ob ich sie rufen würde, damit sie das Gleißen sehen durfte. Dabei musste sie nur in ihre eigene Brust schauen. Jetzt, in diesem Augenblick, konnte ich sie und ihren glühenden Blick genau vor mir sehen. Sie war voller Tatendrang, gab niemals auf und steckte andere mit ihren Ideen an. Vielleicht war das ihr Gleißen, und sie hatte es schon längst gefunden, ohne zu wissen, was sie da in den Tatzen hielt.

Ich schluckte und wünschte mir aus vollem Herzen, zurück in das Uralte Gehölz kehren zu können, um ihr genau das zu sagen.

Mein Herzschlag beschleunigte sich.

Zu wissen, dass mein Körper noch da war, ich aber nicht aus der Höhle rauskommen konnte, weil ich … starb. Meine Kehle wurde eng.

Betroffen ging ich einen Schritt vorwärts. Was würde mich bei der nächsten Erinnerung erwarten? Ich hielt unwillkürlich die Luft an, als ich gegen die Fäden des Lebens lief und die Erinnerung meinen Geist flutete.

Ich saß auf einem wippenden Tannenzweig und putzte mein Gefieder. Der Wind zupfte verlockend an meinen Flügeln und flüsterte mir zu, dass es gut wäre, zum nächsten Baum zu flattern.

Ich breitete meine Schwingen aus, und der Wind fing sich darunter. Mit zwei Flügelschlägen war ich schon am nächsten Baum, landete und spähte hinunter. Dort unten schleppte sich ein Tier entlang.

Vielleicht war es verletzt oder traurig. Jetzt blieb es stehen und rollte sich am Baumstamm zusammen.

Ich spürte Wärme in meiner Brust aufsteigen, so heiß und wild, dass ich den Schnabel aufriss und ein Zwitschern anstimmte. Ich sang für die Kreatur unter mir und wusste, dass meine Stimme sie finden würde. Ich wusste, dass meine Stimme sein Herz erreichen konnte, wenn es den Kopf hob und lauschte.

Ich legte meine ganze Kraft in meine Stimme. Stimmte meinen Gesang an und ließ ihn glühen. So lange, bis der Kopf des Tieres sich hob. Es war ein Dachs, der ziemlich mitgenommen aussah, doch seine Augen begannen langsam zu leuchten.

Ein Brummen drang aus meiner Schnauze, und ich schlug mir erschrocken die Tatze vor den Mund. Beinahe hätte ich das Lied des Vogels weitergesungen.

Noch immer spürte ich diese wilde Wärme in der Brust. Dieses Tier wusste von dem Gleißen und auch, dass man damit andere erreichte. Es hatte sich gut angefühlt, es zu teilen, und es war davon nicht weniger geworden!

Ich drehte mich zu Mika und Jaro um, die mich beobachteten.

»Was hast du gesehen?«, fragte Jaro mit seiner ruhigen Stimme.

»Dass ich mich wie ein Dummkopf verhalten habe!«, brummte ich und schüttelte meinen Pelz.

»Mein ganzes Leben lang war ich ein Dummkopf.«

»Sag doch nicht so etwas«, meinte Jaro streng.

»Fehler macht jeder von uns, und das ist auch wichtig.«

»Schau dir ruhig noch mehr Erinnerungen an«, schlug Mika vor. »Sie werden dir sicher helfen!«

Ich blickte zur nächsten Eisperle, und die Neugierde besiegte das schlechte Gewissen. Unter den Blicken von Jaro und Mika ging ich darauf zu, hielt den Atem an und ließ sie an meiner Stirn zerplatzen.

Ich humpelte durch den Wald, mein Herz war gefüllt von dem Gesang des kleinen Vogels. Meine Schritte wurden wieder leichter. Der Angriff in der Nacht hatte mich verletzt, aber in meinem Bauch war noch alles in Ordnung. Ich spürte die kleinen zappelnden Wesen, die bald hinauswollten.

Ich musste mir eine neue Höhle suchen, um sie auf die Welt zu bringen. Vorsichtig blieb ich stehen und sah mich in alle Richtungen um. Hier und da sah es nach vielversprechenden Höhlen aus. Keine Burg wie die, die ich wegen des Feuers verlassen musste, aber etwas Kleines, was ein Neuanfang werden konnte. Ich freute mich auf den Nachwuchs. Ich würde ihm beibringen, auf den Gesang der Vögel zu horchen, und dafür zu sorgen, dass sie keine gefiederten Freunde in das Maul nahmen. Ich konnte es kaum erwarten. Wandte mich einer Mulde in der Erde zu und begann zu graben.

Schon war die Erinnerung vorbei. Ich blinzelte verdutzt und brauchte einen Augenblick, um zu verstehen, was die Eisperlenspinne mir sagen wollte.

Auch der Dachs hatte das Gleißen gespürt. Der Gesang des Vogels hatte es in seiner Brust entfacht, es zum Glimmen gebracht.

»Es steckt andere an«, sagte ich.

»Ich habe es schon vermutet«, meinte ich und rieb mir über die Brust.

Ich sah zu Mika. »Dein Gleißen ist, dass du andere mit deinen Geschichten und deiner freundlichen Art einfängst – und Jaro, dein Gleißen ist, Dankbarkeit und Geduld in die Herzen zu schicken.«

Ich fasste mir an die Brust. Ich war voller Geschichten. Wenn ich an den Sternenhimmel stieg, um von dort für alle sichtbar zu sein, dann würde ich auch andere zum Leuchten bringen können.

»Ich verstehe langsam, was meine Aufgabe ist. Ein jeder besitzt etwas in sich, das ihn mit Wärme erfüllt. Ein jeder trägt ein Gleißen mit sich herum, und ich kann helfen, es zu finden, wenn ich ihm davon erzähle, wenn die Nacht am finstersten ist. Ich kann helfen, dass die himmelblaue Nacht über die rußschwarze Finsternis triumphiert!«

Mika strahlte mich an, und Jaro machte eine lange tiefe Verneigung vor mir.

Ich sah hoch zur Eisperlenspinne, die über den Tunnelgang krabbelte, und so wie Jaro sich vor mir verneigte, senkte ich jetzt den Kopf vor ihr.

Ohne Flügel schweben

Mein Herz schlug ruhig und gleichmäßig, als ich mit Mika und Jaro zurück in die Schmiede ging, um die Rüstung zu holen. Mehrere stahlblaue, glänzende Einzelteile mit goldenen Beschlägen lagen bereit wie ein großes Puzzle. Ich stellte mich folgsam auf ein Podest, und die Schmiede begannen, um mich herum geschäftig zu hantieren. Mir war etwas ängstlich zumute, als die Wölfe mit ihren Fangzähnen mir so dicht auf den Leib rückten, um die verstärkten Riemen festzuziehen. Doch kein Reißzahn berührte mich.

Die Kupfereule polierte mit ihren schimmernden Flügeln die angelegten Teile. Das Zweibein nahm ab und zu ein Fragment wieder ab und zog und hämmerte es noch einmal zurecht.

Bald war ich in den dunkelblauen Sternenstahl eingehüllt. Sobald die letzte Schnalle festsaß, begann der Panzer zu leuchten und zu glühen. Es war das Licht des Gleißens, das durch den Panzer drang und ihn erstrahlen ließ.

Ich konnte mich kaum selbst betrachten.

»Ich sehe wirklich aus wie ein Stern am Firmament«, sagte ich, während ich probeweise ein paar Runden um das Nordlichtfeuer ging, um zu gucken, dass nichts klemmte oder mich einengte. Die Rüstung flößte mir Ruhe und Sicherheit ein, auch wenn sie so eng auf dem Pelz lag, dass ich bei jedem Schritt ihr Gewicht spürte.

»Du bekommst noch ein Kometennetz. Darin kannst du die Steine fangen, die auf die Erde zurasen. Die Schmiede brauchen sie, um neue Rüstungen für uns und die noch kommenden Sternenbilder zu schmieden.«

Mir wurde ein riesiges leuchtendes Netz übergeben, das man auf eine Tatzengröße zusammenfalten konnte.

Zur Rüstung gehörte außerdem eine Tasche, die an meinem Hinterbein befestigt war, und ich steckte es dort hinein.

»Werde ich etwas zu essen brauchen?«, fragte ich und dachte an meine Zirbelzapfen in meiner Schlafhöhle zurück.

»Wie im Großen Traum wirst du nichts brauchen, aber ab und zu kannst du einen Schluck aus der Milchstraße nehmen oder etwas Mondstaub kosten. Der schmeckt an manchen Tagen wie wilder Honig«, erklärte Mika, der man nun auch ihre eigene Rüstung anschnallte.

»Was passiert jetzt?«, fragte ich, als sie fertig eingekleidet war.

»Jetzt kommt das Aufregendste von allem. Du musst lernen zu fliegen«, meinte Jaro, der uns die ganze Zeit schweigend zugesehen hatte. Er trug keine Rüstung.

»Gehst du nicht auch an den Sternenhimmel?«, fragte ich ihn, doch Jaro schüttelte den Kopf.

»Ich bin der Wächter der Sternenlichtschmiede. Ich überprüfe, ob die Lebewesen, die hierherfinden, bereit dazu sind, zum Sternenhimmel hinaufzusteigen. Das ist meine Aufgabe, dafür brauche ich keine Rüstung, sondern nur Geduld und Ausdauer. Aber hinauf zum Turm werde ich euch trotzdem begleiten.«

»Jaro wird dein Lehrer sein«, erklärte Mika fröhlich. Sie sah ungewöhnlich aus. Ihr langes schwarzes Fell spross an allen Seiten aus der Rüstung heraus und verlieh ihr ein wildes Aussehen.

»Kommt, wir gehen! Oder hast du noch Fragen, die geklärt werden müssen?« Mika sprang von dem Podest.

Ich blinzelte und hörte in mich hinein.

»Wer waren die gefrorenen Geister auf dem Meer? Wenn alles in meinem Kopf passiert – was stellen sie dar?«

»Das sind die Ängste und Sorgen, die uns klammheimlich versuchen einzuholen und nachts umzingeln, die Zweifel, die jeder von uns hat«, antwortete Jaro.

»Verstehe«, sagte ich und sah den Bären mit dem weißen Fell neugierig an.

»Und was ich noch nicht verstanden habe, ist, warum Mika und du hier sein könnt, wenn das doch alles nur in meinem Geiste passiert. Und was ist mit denen, die nicht in die Schmiede dürfen, weil sie nicht dazu bereit sind? Was passiert mit denjenigen, die nie ihr inneres Leuchten finden, weil sie nicht wissen, dass sie danach suchen müssen?«

»Stört es dich, wenn wir die Fragen im Gehen beantworten? Dann können wir schon auf den Turm steigen«, fragte Mika, die ungeduldig hin und her wippte und schnaufte. »Ich freue mich schon so darauf, wieder zu fliegen!«

»Wir können gerne dabei gehen«, sagte ich, und die beiden nahmen mich in ihre Mitte. Die Schmiede winkten mir zu und machten sich dann gleich wieder an die Arbeit.

»Jaro und ich sind hier, weil du uns brauchtest. Ich habe dich vom Firmament aus beobachtet und wusste, dass du in unserem Sternenbild mit deiner kräftigen Stimme und deinem Gleißen noch fehlst. Und ja, wir waren auch mal Bären, die über die Erde gewandert sind wie du, doch der Tod kommt zu jedem. Manche Tiere gehen dann in den Großen Traum und begegnen uns dort und in allem, was ist. Manchen fallen aber auch andere wichtige Aufgaben zu. Der unfassbare Wind entscheidet, wohin unser Weg uns führt.«

Mika warf mir einen schnellen Seitenblick zu.

»Auch für mich gibt es noch jede Menge Rätsel und Geheimnisse rund um die Sternenlichtschmiede, ihre Bewohner und auch um den Wind. Manches kann ein Bär vielleicht gar nicht begreifen, aber das finde ich überhaupt nicht schlimm, denn was wäre das für ein Dasein, wenn es keine Geheimnisse und Rätsel gibt?« Sie lachte und deutete eine Treppe hinauf, die sich endlos in die Höhe zu schrauben schien. »Dort geht es hinauf!«

»Und was ist mit den Wesen, die ihr inneres Leuchten nicht finden? Bleibt ihr Leben immer dunkel und trostlos? Werden sie nie die Sternenlichtschmiede finden?«

Mika und Jaro sahen sich an, während wir Stufe um Stufe nahmen.

»Diejenigen, die nicht nach ihrem Gleißen suchen, fühlen immer eine Leere in ihrer Brust. Sie sind oft unzufrieden. Sie verbittern und erstarren mit der Zeit, weil sie nichts haben, was sie wärmt. Manchmal kann es ihnen helfen, wenn sie jemandem begegnen, der sein Gleißen kennt und für andere leuchtet. Manchmal wird man angesteckt von der Wärme und der Energie, die jemand ausstrahlt.«

»Ich war auch ein verbitterter, erstarrter Bär«, sagte ich und blinzelte heftig.

»Die meiste Zeit meines Lebens habe ich das Gleißen nur versteckt, weil ich es nicht besser wusste. Ich werde mir Mühe geben, die Geschichte so laut zu erzählen, dass sie in jedes Ohr dringt!«, fügte ich entschlossen hinzu.

Jaro klopfte mir auf die Schulter. »Das ist eine gute Einstellung. Doch zunächst musst du das Fliegen meistern.«

»Ach, ich habe schon gelernt, dass ein Bär sich häuten kann wie eine Schlange, um ein neues kraftvolles Leben zu beginnen. Wenn ich mich häuten kann, dann kann ich auch fliegen«, behauptete ich selbstsicher, obwohl ich mir nicht vorstellen konnte, wie das zu bewerkstelligen war, wenn man keine Flügel besaß.

»Wir sind gleich da, dann kannst du es beweisen!«, erwiderte Jaro vergnügt.

Ich nickte ihm zu, war mir aber nicht sicher, ob er das sehen konnte. Je höher wir gestiegen waren, desto dunkler war es geworden. Trotz der leuchtenden Rüstung sah ich kaum, wo ich meine Tatzen hinsetzte.

Das Einzige, was ich erkennen konnte, war der goldene Mond auf Mikas Brustfell, wenn sie sich zu mir umdrehte. Der Stein unter meinen Tatzen knirschte und fühlte sich rau an. Es war wieder kälter geworden, und ein frischer Wind wehte uns um die Ohren. Die Luft roch nach Minze und Anis.

Die Treppenstufen endeten abrupt, und wir standen auf einer Plattform, die mit dem dunklen Himmel dahinter verschmolz. Rundherum war eine steinerne Brüstung aufgetürmt. Stufen führten auf die schmale Mauer hinauf. Ich stellte mich an die Brüstung und sah hinunter.

Ein Wirbel aus dunkelbunter Schwärze breitete sich vor mir aus, und das Gefühl von Tiefe riss mit unsichtbaren Klauenhänden an mir.

Ich schluckte.

»Ich gehe voran und helfe dir von hier aus. Jaro bleibt am Rand«, erklärte Mika, dann trat sie zuversichtlich auf die kleine Treppe an der Brüstung und setzte ohne Zögern die Tatzen einfach über den Rand. Sie begann zu schweben, sanft und schaukelnd wie eine Schneeflocke. Rasch wurden ihre Bewegungen schneller, und sie flog hinauf, drehte ein paar Kreise.

Ich versuchte, ihr mit Blicken zu folgen, sah aber immer nur den schaukelnden goldenen Halbmond vor mir auf und nieder hüpfen.

»Jetzt bist du dran. Das Wichtigste beim Fliegen ist, dass du alle schweren Gedanken loslässt, damit du nicht heruntergezogen wirst.«

»Stürze ich sonst ab?«, fragte ich, während mein Herz aufgeregt pochte.

Jaro trabte zum Rand und griff mit seinen Tatzen geschickt eine lange Stange, an der ein mächtiger Ring befestigt war.

»Nicht, wenn ich es verhindern kann. Und Mika ist ja auch da, um dich zu halten.«

Ich schielte zu Mika, die sich durch die Dunkelheit bewegte, als würde sie in einem See treiben.

»Es schadet nicht, an etwas Glückliches zu denken. Eine besonders leichte, lockere Erinnerung festzuhalten, die dich aufsteigen lässt wie einen Ballon«, meinte Jaro, der auf die Mauer kletterte und dort auf einer Tatze balancierte, ohne ein einziges Mal aus dem Gleichgewicht zu kommen.

Er ließ die Stange herumwirbeln. Sie funkelte schwach, und ich sah sie auf mich zurasen. Im nächsten Moment hatte er den Ring über meinen Oberkörper gezogen und bewegte sich mit mir mit.

»Am Anfang bleibst du einfach am Rand der Erde. Du schwingst dich über die Mauer und hältst dich mit den Tatzen fest. Ich kann dich jederzeit mit dem Ring wieder herausziehen.«

Besorgt blickte ich zu Jaro, der so mager war, dass man jede Rippe an ihm sehen konnte. Trotz meiner Hungerkur und meiner langen Wanderung hatte ich mehr auf den Knochen als er.

»Ich bin doch viel zu schwer«, sprach ich meine Zweifel aus. »Alleine diese Rüstung wiegt doch so viel wie du!«

»Ich verfüge über mehr Stärke, als du glaubst«, versprach Jaro, der näher zu mir kam, um den Ring besser um mich führen zu können. Am hellsten strahlte sein Goldrücken. Das Muster darauf sah beinahe aus wie ein Nebelschleier.

Ich blickte auf mein Fell. Was konnte man von mir erkennen, wenn man von Mika nur den schwebenden Mond sah und ihre leicht schimmernde Rüstung? Mein Fell war dunkel von der Nachtkralle, die ich oft gekaut hatte, um nicht krank und schwach zu werden.

»Lass dich nicht ablenken, Arkas. Jetzt ist die Zeit gekommen, das Fliegen zu lernen!«, sagte Jaro streng, und ich ließ ertappt den Kopf herumschnellen und beugte mich wieder über die Brüstung. Sofort überfiel mich die Angst beim Blick in die Tiefe.

»Der erste Schritt ist der schwerste. Mir hat es geholfen, die Augen zuzumachen und einfach zu springen«, meinte Mika, die an mir vorbeischwebte.

Den Ratschlag fand ich nicht hilfreich. Mit geschlossenen Augen in ein finsteres Nichts zu springen, erschien mir grauenerregender als mit geöffneten Augen.

»Vertrau uns«, sagte Jaro freundlich. »Lass dich über die Kante rutschen. Es ist wie schwimmen. Das beherrschst du doch?«

»Natürlich! Ein jeder Bär kann das«, schnaufte ich und dachte an den weißen Strom. Im Sommer lag ich gerne in seinen

Fluten, um mir den Pelz zu kühlen und die Stechmücken fernzuhalten, die durch die sonnendurchfluteten Bäume schwirrten.

Ich sah mich um. Was würde passieren, wenn ich das Fliegen nicht erlernen konnte? Wenn ich herabfallen würde wie ein Stein, weil meine Gedanken zu schwer waren? Würde ich abstürzen und auf der Erde zerschellen? Würde ich für immer mit Jaro in der Sternenlichtschmiede leben müssen? Einen bangen Augenblick lang sah ich mich zwischen den Schmieden hocken und ein Fest feiern, während wir um die Nordlichter tanzten und über uns Sterne im Takt zur Musik des Lebens funkelten.

Eigentlich war das kein so übler Gedanke. Ich blickte zu Mika. Nur würde sie dann alleine an ihren Platz zurückkehren müssen.

Mein Herz pochte.

»Trau dich!«, rief Mika, und der goldene Mond bewegte sich auf mich zu.

Ich befürchtete, dass sie mich an die Hand nehmen wollte wie ein Jungtier.

Ich schaffe das!, sprach ich mir selbst Mut zu und schob mein Hinterteil über die Mauer, während ich mich mit meinen Vordertatzen an den Steinen festklammerte.

Meine Muskeln zitterten, als ich mich langsam herunterließ. Ich spürte einen ganz leichten Widerstand. Es war anders als im Wasser. Es war eher ein sanftes luftiges Prickeln, das durch mein Fell floss. Doch würde es mich tragen?

Ich schnaufte angestrengt, als ich versuchte, mit den Beinen zu paddeln, mich aber trotzdem am Rand festklammerte.

»Denk dran, dass ich den Ring um dich halte. Du kannst loslassen und dich zur Not daran klammern.«

Zweifelnd drehte ich den Kopf und sah unter mich in die bodenlose Schwärze.

»Denk an etwas Fröhliches! Lass alles Schwere gehen!«

Etwas Fröhliches. Ich kniff die Augen zu, als ich meinen Kopf nach einer glücklichen Erinnerung durchforstete.

Welcher Moment in meinem Leben war so glücklich gewesen, dass er mich zum Schweben brachte?

Ich versetzte mich in das Uralte Gehölz. Es hatte mich immer glücklich gemacht, das Gleißen aus seinem Versteck zu holen und zu betrachten. Den Lichtworten zu lauschen und mit ihrem Geflüster in meinen Ohren durch den nächtlichen Wald zu ziehen, um ein paar frische Blaubeeren zu fressen und die blaue Stunde zu genießen. Die Nebelschleier, die sich durch die Stämme der Fichten schlängelten, im wechselnden Licht zu betrachten, und die Tiere zu beobachten, die durch mein Revier stolzierten, die Hirsche und frechen Füchse.

»Du schwebst!«, rief Mika, und ich riss die Augen auf. Zumindest meine Hinterbeine schienen in die Höhe gestiegen zu sein, denn ich sah Jaro schon fast kopfüber. Nur meine Krallenspitzen berührten die Mauer.

»Lass los!«, sagte Jaro freundlich. Ich schluckte. Die schöne Erinnerung schwamm noch vor meinen Augen, verblasste aber rasch, als ich die Schwärze um mich herum sah. Nichts, an dem ich mich festhalten konnte, außer diesem dünnen Reifen.

Mein Hinterteil sackte mit einem Ruck wieder nach unten, und ich konnte ein überraschtes Brüllen nicht unterdrücken.

Ich klatschte gegen die Mauer.

»Fast ist es dir gelungen«, brummte Jaro.

»Kann ich mir nicht ein paar Flügel von der Kupfereule leihen?«, krächzte ich. Kleine Steinbrocken bröselten unter meinen Krallen weg. »Versuch es noch mal mit der Erinnerung«, rief Mika, die zum Rand geschwebt war und sich darauf ganz dicht neben mich hockte.

Bei ihr sah es so selbstverständlich aus, dass sie hinauf- und hinabstieg, als wäre sie mit glücklichen Erinnerungen zum Bersten gefüllt.

Ich atmete tief durch und schloss zitternd erneut die Augen.

Eine glückliche Erinnerung. Das Gleißen schien zumindest zu funktionieren.

Ich versuchte es wieder. Ging zurück an den Tag, als ich ein Wächter wurde und es zum ersten Mal anschauen durfte.

Daran hatte ich schon seit Langem nicht mehr gedacht. Vor mir war die oberste Wächterin eine riesige Bärin namens Akka Goldzahn. Ich erinnerte mich daran, dass sie eine freundliche Lehrmeisterin gewesen war, die immer eine ganze Schar Wächter um sich versammelte. Ja, sie war anders als ich gewesen. Bei ihr durfte jeder, der ein Wächter werden wollte, das Gleißen sehen, und sie hatte auch die jungen Wächter immer wieder die Schatzkammer betreten lassen.

»Ich rufe dich, wenn es Zeit ist. Man kann sich leicht in der Betrachtung des Leuchtens verlieren, Arkas«, hatte sie gesagt, als ich in die Höhle ging. Die Bilder der Schatzhöhle standen mir sofort vor Augen. Das Fuchsgold, die Muster in der Wand, das Wurzelgeflecht.

Wenig später versank ich zum ersten Mal im Gleißen. Diesmal spürte ich, wie ich wieder abhob, während das warme Prickeln meinen ganzen Körper sanft durchströmte.

»Jetzt ist es an der Zeit, wieder herauszukommen, Arkas!«, hörte ich Akka rufen. Doch ich wollte nicht. Ich wollte das Gleißen nicht wieder hergeben. Ich wollte es jeden Tag ansehen können! Kaum erinnerte ich mich an das bohrende eifersüchtige Gefühl von damals, fiel ich.

Ich riss die Augen auf, hatte die Kante losgelassen, denn ich war um einige Tatzenlängen von der sicheren Mauer entfernt, als ich nach unten rauschte, weil sich alles in mir schwer anfühlte.

Ich wollte schreien, doch bevor ich nur den Mund aufgemacht hatte, fiel ich in den Ring und klammerte mich daran fest. Jaro stand mit unbewegter Miene auf der Kante der Mauer vorgebeugt und auf einer Tatze balancierend, als würde ich leicht wie eine Feder sein.

»Balance ist alles«, sagte er, ohne zu keuchen oder Zeichen von Anstrengung zu zeigen.

Er ließ sich zurücksinken, und ich wurde hochgehoben und zurück zur Mauer getragen.

»Es ist ganz schön schwierig, etwas zu finden, wenn man sich sein ganzes Leben wie ein selbstsüchtiger Hohlkopf benommen hat«, grollte ich, als ich wieder auf der Mauer Platz fand.

»Erst der Weg hierher hat mir das gezeigt. Meine letzte Reise«, fügte ich schnaufend hinzu und wünschte mir erneut, dass ich noch mehr Zeit im Uralten Gehölz gehabt hätte. Wie gern wäre ich zurück in die Vergangenheit gereist, um meinem früheren Ich zu sagen, dass es das Gleißen lieber mit der Welt teilen sollte als …

Ich stockte. Das war doch der glückliche Gedanke, den ich brauchte, oder nicht? Dass ich es doch konnte, wenn ich es nur schaffte, an den Himmel zu steigen. Ich konnte anderen helfen, das innere Leuchten zu finden. Damit sie nicht strauchelten, wenn die Wisperschlange sie fand und ihnen die Frage *Warum bist du hier* zuflüsterte.

Ich versuchte, es mir vorzustellen. Wie ich stolz am Himmel schwebte und einer traurigen Seele dieses Geheimnis verriet.

Mein Herz schlug schneller, und das Kribbeln flutete wieder mein Fell.

Ich stellte mir vor, wie zwei traurige Kaninchen sich auf einem Feld ausruhten und in die Sterne blickten und ich ihnen vom Gleißen erzählte, bis sie mein Leuchten wärmte und sie sich in Sternenfänger verwandelten.

Ich begann, mich um mich selbst zu drehen.

»Du schweifst ab«, mahnte Mika, und ich stellte mit Entsetzen fest, dass ich unbewusst über die Brüstung geklettert war und jetzt im dunklen Raum schwebte.

Ich sah Mika vor mir durch die Luft schweben, und mein Herz machte wieder einen Satz. Sofort sackte ich ein Stück abwärts, aber der Ring, den Jaro an der Stange hielt, fing mich sofort auf.

»Vertrau dir, Arkas, du schaffst das! Erinnere dich noch mal daran, was dich glücklich gemacht hat!«

»In Ordnung«, schnaufte ich zittrig und kniff die Augen zu. Ich stellte mir vor, wie ich bald vom Sternenhimmel aus sehen würde, wie Tiere durch den Schnee stapften und nach Trost suchten, weil sie nicht schlafen konnten. Auch dieses Zweibein aus der Schmiede tauchte in meinen Gedanken auf. Plötzlich lag es neben den beiden Kaninchen auf dem Feld, und ich konnte allen dreien meine Geschichte erzählen.

Ich spürte es, bevor Mika etwas sagte. Ich drehte mich schon wieder. Die Geschichte in meinem Kopf machte sich selbstständig.

War ich doch nicht geeignet zum Schweben? Ließ ich mich zu leicht ablenken? Dabei war das doch gar nicht meine Art. Der alte Arkas zumindest konnte stundenlang vor der Schatzhöhle in der Sonne liegen, ohne an Kaninchen zu denken.

Ich öffnete vorsichtig die Augen und stellte fest, dass ich mich immer noch sanft um mich selbst drehte.

Vielleicht weil meine Gedanken schon wieder an den Anfang zurückgekehrt waren zu den Kaninchen auf dem Feld und den Sternenfängern.

»Was passiert mit mir? Warum drehe ich mich?«, fragte ich Mika, die nach wie vor vergnügt aussah.

»Schweben ist ein Gefühl, das eng mit den Gedanken verwoben ist. Dass man sich mit seinen Gedanken im Kreis dreht, ist ganz normal. Das tut jedes Lebewesen gerne. Der eine denkt nur ans Fressen und Überleben. Der nächste liegt in seiner Höhle und grübelt darüber nach, warum er überhaupt hinauskriechen sollte, ein anderer hängt alten Zeiten nach und lässt vor seinem Traumauge unablässig vergangene schöne Momente vorbeiziehen, ohne zu bemerken, dass ihm die echte Lebenszeit zwischen den Pfoten zerrinnt.« Mika kam etwas dichter zu mir.

»Du schwebst. Das ist ein guter Anfang. Soll Jaro den Ring zur Seite nehmen? Dann kannst du ein Stück mit mir hinaus schweben. Es ist ganz einfach, und wenn man ein Ziel hat, dreht man sich nicht.«

»Das wäre gut. Mir wird schon schlecht!«, keuchte ich und schüttelte mich.

»Schau einfach mich an und nichts anderes.« Mika streckte mir ihre kleine Tatze entgegen.

Ich berührte sie mit meiner, und dann nickte ich Jaro zu, der den Ring um mich wegzog und sich auf die Stange stützte.

Ich schwebte!

Ich sah Mika vor mir und blickte ihr fest in die Augen, die glühten und vom inneren Leuchten erzählten. Der Mond auf ihrer Brust schimmerte, und ich hielt mich daran mit den Augen fest. Sie schwebte rückwärts, und ich folgte ihr.

Am Anfang machte ich ungeschickte Schwimm- und Paddelbewegungen durch die Schwärze. Ständig kämpfte ich mit dem Problem, dass mein Hintern zu schnell stieg und mein Kopf hinunterwollte, weil zu viele Gedanken darin schwirrten. Ich drehte mich um mich selbst, ich stand auf dem Kopf, ich ruderte herum, und manchmal ergriff mich die Angst hinunterzustürzen. Mika jedoch war immer in der nächsten Sekunde bei mir, schoss wie ein kleiner Komet um mich herum und zeigte mir den Weg. Nach einigen Versuchen schaffte ich es, durch die Dunkelheit zu laufen wie auf einem weichen Teppich aus Moos.

»Konzentrier dich auf das Leuchten da hinten. Kannst du es erkennen? Das ist ein Stern aus dem Bild der Eidechse!«

Ich sah mich um und entdeckte ein Schimmern in der Ferne.

Ich spannte meine Muskeln an und hörte meinen Panzer scheppern, während ich mich durch die Dunkelheit bewegte.

Mika war immer ein Stück voraus. Bald entdeckte ich eine bauschige, behagliche Wolke, auf der das Leuchten thronte.

Eine leise Musik ertönte. Kleine funkelnde Insekten schwirrten um meine Nase. Fremde Geräusche drangen an meine Ohren. Angenehme Töne, die meinem Geist schmeichelten.

»Dort scheint ein kleines Fest stattzufinden«, hörte ich Mika rufen, die schon beinahe bei der Wolke angekommen war.

Ich bemühte mich, den Anschluss nicht zu verlieren, aber es gab so vieles zu sehen und zu entdecken. Da wuchsen kleine violette Blüten am Rand der Wolke, die warm und weich zu sein schienen. Die Insekten tanzten um sie und um die Schnüre einer Eisperlenspinne herum, die es sich unter der Wolke gemütlich gemacht hatte. Einige der Fäden mit den Erinnerungen führten so tief nach unten, dass sie wahrscheinlich bis zur Erde reichten.

Vorsichtig trabte ich um die Wolke herum und spähte über den Rand.

Oben sah ich eine merkwürdige Ansammlung von Tieren. Einen Fuchs, der Pfeil und Bogen hielt, einen Raben, der eine Harfe spielte, einige Mäuse, die Ketten mit goldenen Glöckchen hielten, und eine Eidechse in derselben Rüstung, wie Mika und ich sie trugen.

»Hallo, Kilou«, grüßte Mika, die sich einen Augenblick zwischen die anderen begab. Ich selbst blieb am Rand der Wolke hängen, hielt mich in dem weichen Flaum fest, während ich insgeheim froh darüber war, mich wieder an etwas klammern zu können.

»Grüß dich, Mika«, sagte die Eidechse mit einer volltönenden, bronzenen Stimme. »Was treibt dich hierher?«

»Ich zeige Arkas, wie man schwebt. Er ist bald so weit, seinen Platz in unserem Sternbild einzunehmen.«

»Ah, ein Neuling!«, rief die Eidechse. »Setz dich zu uns!«

Fuchs und Rabe rückten zusammen, doch die Wolke war zu klein für meinen Körper, und ich blieb lieber ein wenig abseits, weil ich diese private Feier nicht stören wollte.

»Kommen auch Eidechsen in die Sternenlichtschmiede?«, fragte ich stattdessen und stellte mir vor, wie eine winzige Eidechse wie diese sich durch die Schneelandschaften und über das gefrorene Meer kämpfte.

»Wie hast du es geschafft, durch den Schnee zu kommen?«

Die Eidechse lachte. »Bei mir gab es keinen Schnee. Du vergisst, dass die Sternenlichtschmiede durch unser Innerstes zu erreichen ist. Für mich lag sie auf einem hohen Felsen, der von der Sommersonne glühend heiß war und mir die Füße versengte.«

»Dann musste nur ich mich durch Schnee und Eis kämpfen?«

»Es gibt auch andere Tiere, für die die Sternenlichtschmiede in Eis und Schnee verborgen liegt. Es hat damit zu tun, wie dein Innerstes in dem Moment aussieht, wenn der Geist auf die Suche geht. Ist man selbst wie eingefroren, ist es auch die Welt im Inneren. Fühlt man sich, als würde man in einem Sumpf stecken oder an ungeweinten Tränen ersticken, dann füllt sich auch die Reise mit Sumpflöchern und überschwemmten Wiesen. Manche Lebewesen finden sie in nur einem Tagesmarsch über sonnendurchflutete Wiesen. Für mich war die Sternenlichtschmiede im tiefsten Dschungel, und ich musste mich mit verrückten kleinen Affenbanden und einem Tiger herumschlagen«, erklärte Mika, wobei sie bei der Erinnerung schnaufte und ihren Pelz schüttelte. »Aber wir wollen dich nicht lange stören. Arkas hat die Grundlagen verstanden, und jetzt fehlt noch der letzte Schritt, wenn du verstehst.«

»Natürlich«, sagte die Eidechse sofort und sah mich mit ihren kleinen schwarzen Knopfaugen an.

»Dann will ich euch nicht aufhalten. Du kannst mich gerne besuchen kommen, wenn du willst und wenn alles erledigt ist. Wenn du die Sternenlichtschmiede verlassen hast, gibt es noch unzählige Wunder zu entdecken.«

»Danke, ich werde sicher Hilfe brauchen«, brummte ich und sah zu Mika hinüber, die nickte.

»Lass uns den letzten Schritt gehen, Arkas. Dafür müssen wir zurückfliegen. Es war schön, dich zu treffen!«, sagte sie zur Eidechse und schwebte davon.

Ich verabschiedete mich und folgte ihr langsam und gemächlich, um nicht den Halt zu verlieren.

Jaro erwartete uns geduldig auf der Mauer. Glühwürmchen kreisten um seinen Kopf, als trüge er eine goldene Krone.

»Ich kann es jetzt!«, rief ich ihm zu und landete vorsichtig auf dem Felsvorsprung. »Ich bin bereit.«

»Das sehe ich. Dann wird es Zeit.«

Ich war noch ganz aufgeregt vom Fliegen und berauscht von dem Gedanken, es erneut zu probieren.

»Was muss ich jetzt noch tun?«, fragte ich und sah sehnsüchtig zurück in die Dunkelheit.

»Einen letzten Raum aufsuchen. Du wirst ihn finden, wenn wir in die Halle kommen.«

»Was ist darin?«, fragte ich. Wilde Ideen schwirrten mir durch den Kopf. Dämmerungszwerge, welche die Wolken aus Nebel strickten? Blumen, in denen die Zeit gefangen war, eine weise Schildkröte, die mir die letzten Fragen beantwortete? Ein Raum voller Wörter, der meinen Wortschatz füllte?

Obwohl Letzteres kaum nötig war. Seitdem ich erkannt hatte, dass mein Gleißen aus dem Erzählen von Geschichten bestand, flogen mir unzählige schöne Wörter durch den Kopf, und ich kannte all ihre Bedeutungen. Sie waren mir wohlvertraut und schmeckten köstlich, wenn ich sie aussprach.

»Seelenglanz«, sagte ich, als wir auf die Treppenstufen zugingen.

»Was im letzten Raum ist, kannst du nur herausfinden, indem du ihn betrittst«, erklärte Mika und warf Jaro einen kurzen Blick zu.

»Zweisamkeit. Waldeskühle. Glückschwebend. Aura. Großherzig. Schnöde. Ungestüm«, zählte ich Wörter auf, die mir außerordentlich gut gefielen, während wir die endlosen Stufen herabstiegen.

Schlummer. Sonnendurst. Pfennigfuchser. Mauerblümchen.

Die Wörter, die mir durch den Geist strömten, hatten nichts gemeinsam, außer dass sie schön klangen. Vor meinem geistigen Auge sah ich, wie ich meine Geschichten damit ausschmücken würde.

Als wir die letzten Stufen erreichten und die königsblaue Eingangshalle sich vor uns auftat, fühlte ich mich mit Vorfreude angefüllt.

Nur noch eine einzige Tür führte aus dem Raum hinaus. Sie war mit den schimmernden Mustern bedeckt, die ich gedankenverloren in die Höhlenwand meiner Schlafhöhle geritzt hatte.

»Dort musst du alleine hineingehen. Du wirst wissen, was du tun musst.«

Mika und Jaro legten mir nacheinander eine Tatze auf die Schulter.

»Lass dir so viel Zeit, wie du brauchst.«

Ich sah die beiden abwechselnd an und wurde nervös bei den ernsten Mienen, die sie aufsetzten.

»Ist es etwas Schlimmes?«, fragte ich und strich einen Augenblick über den schützenden Panzer, der mich umgab.

»Schlimm ist es nicht. Aber auch nicht leicht.«

Mika deutete auf die Tür. »Wir sind hier, wenn du zurückkommst. Du bist nicht allein.«

Ich nickte und hörte die Melodie des Lebens anschwellen und mich einhüllen.

Als ich auf die Tür zuging, öffnete sie sich von selbst. Hinter ihr verbarg sich ein Tunnel.

Ich war bereit, trat ein, und die Tür schloss sich hinter mir. Ich hob witternd die Nase.

Ich nahm den vertrauten Geruch von Zirbelzapfen und Moos wahr. Es duftete nach trockenem Farn, Erde und Fichtennadeln.

Ich befand mich in einem dunklen Raum und folgte dem Geruch.

Unter meinen Tatzen veränderte sich der Boden.

Das Eis wurde zu Fels, dann zu Erde, und schließlich ertastete ich Moos.

Als ich einen weiteren Schritt machte, trat ich in eine dämmrige Höhle. Ich hielt den Atem an.

Es war meine Schlafhöhle im Uralten Gehölz.

Leise hörte ich den Wintersturm vor dem Eingang brausen.

Und dort sah ich den zusammengerollten großen, schwarzen Schatten eines Bären liegen. Das war ich. Die Atmung war flach, mein Gesicht eingefallen. Ich ging ganz dicht heran, berührte beinahe mein Fell mit der Schnauze.

Und während ich mich selbst betrachtete, sah ich einen hauchzarten silbrigen Faden, der sich zwischen mir im Wald und mir in der Schmiede spannte.

Mein Herz pochte wild im Takt der Melodie des Lebens, obwohl ich mich sah, wie ich im Sterben lag.

Ich wusste, was zu tun war.

Es war ganz einfach, und trotzdem schnürte sich meine Kehle zu. Eine Träne rann mir aus dem Augenwinkel. Als ich Luft holte, um zu sprechen, war meine Stimme jedoch klar und voll.

»Danke«, sagte ich zu meinem Körper, der mich mein ganzes Leben lang durch Höhen und Tiefen, Verletzungen und Heilungen getragen hatte.

Ich strich mit der Tatze durch mein eigenes Fell und spürte es zugleich auf meinem Rücken.

Das gab mir Kraft und Trost. Als ich die Tatze wegzog, löste sich der Faden zwischen uns, und ich wusste, dass ich im Uralten Gehölz gestorben war.

Ich hatte mich auf der Reise in die Sternenlichtschmiede schon von meinem alten Leben verabschiedet, deshalb war es nicht so schwer, sich umzudrehen.

Vor mir lag nun meine Bestimmung, an den Himmel zu steigen und für andere zu leuchten. Schweigend verließ ich das Leben.

Als ich aus dem Torbogen trat, erwarteten mich Mika, Jaro und auch die Schmiede. Sie alle nahmen mich in ihre Mitte und umarmten mich. Ein lauer, freundlicher Wind tanzte zwischen uns wie an einem Frühlingstag. Es wurde Zeit zu schweben.

Epilog

Als Arkas am Nachthimmel aufhörte zu flüstern, richtete ich mich langsam auf, den Blick in den Himmel gerichtet, der nicht mehr finster war, sondern zu strahlen schien wie mein Innerstes.

Das Gleißen. Das innere Leuchten. Ich spürte es in meiner Brust wie nie zuvor.

Ein Lächeln stahl sich auf meine Lippen, und eine tröstliche Gewissheit machte sich in meinem Kopf breit.

Ich rappelte mich auf, klopfte mir die trockenen Gräser aus der Kleidung und schüttelte meine Glieder. Es war Zeit, nach Hause zu gehen.

Zuversichtlich machte ich mich auf den Rückweg und fühlte den Triumph der himmelblauen Nacht in meiner Brust pochen.